여백

여백

초판 1쇄 발행 2025. 9. 23.

지은이 정창식
펴낸이 김병호
펴낸곳 주식회사 바른북스

편집진행 김재영
디자인 양헌경
마케팅 송송이 박수진 박하연

등록 2019년 4월 3일 제2019-000040호
주소 서울시 성동구 연무장5길 9-16, 301호 (성수동2가, 블루스톤타워)
대표전화 070-7857-9719 | **경영지원** 02-3409-9719 | **팩스** 070-7610-9820

•바른북스는 여러분의 다양한 아이디어와 원고 투고를 설레는 마음으로 기다리고 있습니다.

이메일 barunbooks21@naver.com | **원고투고** barunbooks21@naver.com
홈페이지 www.barunbooks.com | **공식 블로그** blog.naver.com/barunbooks7
공식 포스트 post.naver.com/barunbooks7 | **페이스북** facebook.com/barunbooks7

ⓒ 정창식, 2025
ISBN 979-11-7263-581-7 03810

•파본이나 잘못된 책은 구입하신 곳에서 교환해드립니다.
•이 책은 저작권법에 따라 보호를 받는 저작물이므로 무단전재 및 복제를 금지하며,
이 책 내용의 전부 및 일부를 이용하려면 반드시 저작권자와 도서출판 바른북스의 서면동의를 받아야 합니다.

여백

정창식
시집

삶의 여백에서
잠시 쉬어가는 시간

바른북스

시인의 말

내 안의 소소한 마음들을 담아 어설프게 구워낸 투박한 옹기 같은, 삶의 일부와도 같은 친구들을 다시 한번 한 권의 책으로 엮어 세상에 선보이게 되었습니다.

이제 첫 시집에 함께하지 못했던 시들을 다듬고, 그 이후 달라진 삶에서 길어 올린 시편들을 더해 제 인생의 쉼표로 삼고자 합니다.

두 번째 시집은 그간의 삶의 이야기들을 묶어냄으로써 제 인생의 일부를 정리하고 간다는 작은 목표가 있습니다.

지난해 9월, 제 인생의 대부분을 차지했던 한전과 작별하고 잠시 감리회사를 거쳐 새로운 회사에 입사한 지 5개월째입니다. 2년 가까이 저 자신을 위해 살아온 시간들에 대한 미련과 함께, 정년 이후에도 건강하게 일할 수 있다는 다행스러움이 교차하는 가운데, 후자의 생각이 점차 커져갈 무렵 두 번째 시집을 내게 되었습니다.

첫 시집의 부족한 글들을 응원해 주시고 과분한 사랑을 보내주신 독자 여러분께 깊은 감사를 드리며, 각박한 세상 마음 한편 여유를 갖고 살아보자는 의미로 삶의 여백(餘白)을 화두(話頭) 삼아 두 번째 시집을 퇴고합니다.

2025년 더운 여름날 정창식

차례

시인의 말

제1부 흉터 있는 문장

희망 · 12
보름달 · 13
어느 택배 노동자의 독백 · 14
시인들이여 · 15
하늘 멍 · 16
아침에 · 17
태양을 가리지 마시게 · 18
어느 날 · 19
새벽 · 20
세상에 쉬운 일 있더냐 · 21
세월이라는 것 · 22
중년 · 23
나룻배 · 24
너는 내 친구 · 25
황제 캠핑 · 26
주말 농부 · 27
일 년 열두 달 · 28

푸른 별은 죽어 가는데 · 30
부부 · 32
흉터 있는 문장 · 33
동백 · 34
접시꽃 한 그루 · 35
장가계 · 36
판소리 · 38
한여름 밤의 상상 · 40
밤손님 · 41
행복 · 42
다짐 · 43
사는 게 내 맘 같지 않지? · 44
친구 만나러 가는 길에 · 45
우정 · 46
선택의 시간들 · 47
휴면의 시간 · 48
단풍별 · 49

제2부

강물처럼

해 · 52
별 · 53
달 · 54
낮달 · 55
눈 · 56
손 · 57
산 · 58
술 · 59
또 달 · 60
돈 · 61
생물 · 62
음악 · 63
움트다 · 64
노을 · 65
꽃 보듯이 · 66
손주 꽃 · 67
경포의 달 · 68

인연 · 69
잘 가시게, 나의 가을 · 70
콩나물시루 법칙 · 71
가끔은 이럴 때 있습디다 · 72
동자꽃 · 73
느낌표 · 74
고북 · 75
일상에서 · 76
딩동댕 · 77
꽃 · 78
너를 만나러 간다 · 79
이런 사람 · 80
명상 · 81
개 팔자 · 82
강물처럼 · 84
추억의 간식 · 85
화롯불 · 86

제3부

목련꽃 그늘에 앉아

강냉이 • 88
고속도로 • 89
서리꽃 • 90
그리움 • 91
어린 시골 • 92
장독대 • 93
시골집 마당의 사계 • 94
백합꽃 • 96
숲정이 친구들 • 97
추억 • 98
춘설 • 99
꽃샘추위 • 100
목련꽃 사랑 • 101
홍매화 • 102
선암사 매화 • 103
봄맞이 • 104
봄의 랩소디 • 105

유월이 오면 • 106
목련꽃 그늘에 앉아 • 107
순백의 여인아 • 108
봄꽃 • 109
꽃 피는 봄 • 110
동백 • 111
해동(解凍) • 112
가장 작은 2월에게 • 113
봄의 소리 • 114
내 친구 동백 • 115
봄기운에 기대어 • 116
매화마을 • 117
봄의 전령 • 118
봄바람 불더니 • 119
봄 • 120
꽃이 지기로서니 • 121
인연의 유통기한 • 122

제4부

가을, 또 하나의 사색

기다림 • 124
9월이 오면 • 125
가을 기도 • 126
가을 독백 • 127
가을에 쓰는 편지 • 128
가을 단상 • 129
가을, 또 하나의 사색 • 130
가을 서정 • 132
꽃 겨울에도 피더라 • 133
겨울은 있다 • 134
겨울 사랑 • 135
무등의 겨울꽃 • 136
눈 내리는 풍경 • 137
함박눈 내린 아침 • 138
눈꽃 사연 • 139
계절이 흐르면 • 140
아직은 한겨울 • 142
아버지의 지게 • 143

어머니의 손 • 144
당신의 주름진 목에
스카프(Scarf) 하나 • 145
어머니의 노래 • 146
어머니 모신 날에 • 148
어느 겨울날 • 149
어머니, 그 위대함에
대하여 • 150
그리움 • 152
부모님 생각 • 153
2월에 비가 내리면 • 154
재미있는 인생 • 155
이런 사람 • 156
범종 • 157
삶의 지혜 • 158
인생의 길 • 159
글을 쓴다는 것 • 160

제5부

쉼

어쩔 뻔했어? · 162
바람꽃 · 163
별자리 · 164
살아가는 일 · 165
황량한 산하에서 · 166
인생길 · 167
휴식 · 168
세상살이 인연으로 · 170
사랑 · 171
설렘 · 172
연습 없는 삶 · 173
우리 함께 가자 · 174
목련이 피고 지면 · 175
나이 듦에 대하여 · 176
은퇴 · 177
정년 퇴임 · 178
마중물 · 179

인생 · 180
구월이 오면 · 181
9월의 가을 · 182
마디 · 183
삶을 위한 · 184
시간 여행 · 185
가을에 · 186
새길 나서며 · 187
꽃이요 가시였다 · 188
인생순리(人生順理) · 189
낙엽 인생 · 190
쉼 · 191
흉터 · 192
지는 세월에 대하여 · 193
또 하나의 선택 · 194

서평 - 삶의 옹이로 빚은 존재의 향기(민은숙)

제1부

흉터 있는 문장

희망

봄 햇살처럼 따스한 사람이고 싶다
동장군을 못 이기고 얼었다가
호숫가 한 모퉁이에 돋아나는
봄나물 같은 희망이고 싶다

눈 덮인 들판 양지바른 언덕에
파릇이 싹 틔운 봄 쑥같이 고운
향기 지닌 중년이고 싶다

절망의 세상 몰상식의 억지에도
새롭게 푸른 희망 걸러내고
인간의 양심을 기억하는 시간이고 싶다

새로운 기대와 소망 빚어내는
별빛 같은 내일을 꿈꾸는
모두가 함께하는 사람이고 싶다

보름달

이렇게 가까이 만날 수 있다니
믿을 수 없네요
구름 뒤에 숨었다 나오신 모습
참으로 고우십니다
화장기 없는 맨얼굴
어찌 이리 맑고 고우실까요
그대 덕분에 내 마음이 환해졌네요

어느 택배 노동자의 독백

늦어서 죄송합니다
벨을 눌러서 죄송합니다
경비실에 맡겨서 죄송합니다
문 앞에 두고 가서 죄송합니다
벨을 누르지 않아서 죄송합니다
문자를 두 번이나 보내서 죄송합니다
문자를 깜박하고 안 보내서 죄송합니다

나는 죄송하기 위해 태어난 사람인가
생각한 적도 있다

시인들이여

시인들이여,
더 이상 결핍을 말하지 말자
이제 슬픔을 노래하지 말자
이제 가난을 말하지 말자
그리움 서러움 배고픔도 잊어버리자

시인들이여,
때로는 그리움을 사랑하자
측은지심에 눈물 흘리고
모든 것을 껴안고 가자

시인들이여,
아름다운 계절을 노래하자
따뜻한 태양을 노래하자
이제 아름다운 사랑 노래를 부르자

시인들이여,
깊어가는 인생을 노래하자
살아가는 일 녹록지 않아도
희망과 꿈을 노래하자

하늘 멍

산기슭에서 바라보는
일몰의 노을 맑은 영혼의 숨결
들숨에 하늘을 마시고
날숨에 우주를 뱉어 낸다
아무것도 하지 말고
아무 생각도 하지 마라

한여름 키재기하던 갈대들 하늘대며
누구엔가 가을 편지를 쓰고 있다
잠시 자유와 힐링의 시간
그대 향해 하늘에 대고 편지를 써서
바람에게 편지를 부친다
그대의 아름다운 영혼 노을 닮아
내 마음도 발그레 물들어

아침에

아침이 다시 반짝인다
어떤 이에게는 희망의 아침
어떤 이한테는 걱정의 아침
또 어떤 이는 기대와 소망의 아침
동에서 번져 나오는 노을 바라보며
아, 살아있구나

우리는 누구나 다른 아침을 맞는다
살아있는 누구나
늦게 자서 일어나기 힘든 사람
일찍 자고 일찍 일어나는 사람
하루하루 기쁨으로 평화로운
삶만 산다면 얼마나 좋을까
그러면 사는 게 너무 지루할까
요즘은 하루마다의 바쁜 일정
이 또한 좋지 아니한가

태양을 가리지 마시게

저 찬란한 태양
눈부시다고 가리지 마시게
빛 부시다고 피하지 마시게
모든 생명의 뿌리
모든 에너지의 근원
가장 아름다운 힘
저 찬란한 해가 제 마음대로 하게 그냥 두시게
가슴으로 숨결로 태양을 느끼며
온몸으로 태양의 기를 받아보시게

어느 날

어느 날 문득
오동나무가 내 곁에 날아와 앉았다

어느 날 문득
세월이 내 곁으로 바짝 다가왔다

어느 날 문득
어린 추억들이 아득히 스며들었다

어느 날 문득
한 사람의 인생이 보이기 시작했다

어느 날 문득
사랑이 내 곁에 머물고 있었다

새벽

모두가 잠들어 평화로운 시간
샛별이 되고 싶은 가로등은
찬 공기 마시며 한숨을 토해 낸다
어항 속의 금붕어들 그새 일어나
촐랑촐랑 먹이를 찾아다니고
고요의 시간 창문 밖 새벽을
하나둘 세고 있다

밤이 깊어 가장 어두운 새벽이 오면
저 동쪽 하늘 어디쯤 여명이 밝아오고
일상에서 벗어나 혼자만의 오붓한 시간
사색이 깊어질 때 그때
어느덧 새벽 가로등은
한 편의 시가 되어 꿈틀대고
시는 샛별 되어 동으로 간다

세상에 쉬운 일 있더냐

잿빛 어두운 한나절
추적추적 겨울비 내리는 오후
상념 하나 젖은 단풍잎에 대롱대롱
춘향이 사랑가로 달래도 보지만
심 봉사 젖동냥에 시린 가슴
그 설움 달랠 길이 없구나

사시사철 사철가 뜯어보면
봄여름 가을 겨울의 흐름은
우리네 인생과 다름없으니
희로애락 모두 담겼어라

중모리장단 중중모리장단 진양조
엇모리 자진모리 휘모리장단
세상에 쉬운 일 어디 있으랴

세상일 내 맘대로 되지 않고
인생길 가다 보면 의도하지 않은 길
내가 원치 않은 길도 있더라
가야 할 길이라면 어찌 마다하랴
어디 그 길 한번 가보자

세월이라는 것

사람에게 있어 세월은 무엇인가
함께해 온 시간
함께 살아온 세월
실로 얼마나 대단한 것인가

묻혀버린 기억 추억들도 많을진대
또렷한 기억도 희미한 기억도
수없이 떠도는 세월의 흔적들
아지랑이 아련히 꽃 피는 시절의 기억

만났다 헤어지고 스쳐 간 인연들과
소중히 간직한 그 많던 인연들을
세월 속에 하나둘 다독여 둔다

오늘도 세월 따라 푹푹 내리는
겨울 눈꽃 바라보며 세월은 또 그렇게
한 걸음 한 걸음 그렇게 흘러간다

중년

중년의 여인이여
거침없이 걸어라
앞가슴 봉긋 세우고
당당하게 걸어라
자식들 뒷바라지
어찌 힘겹지 않았으랴
남의 편 내조에
어찌 힘들지 않았으랴
이제 두 어깨 가벼이
훨훨 날아 보아라
앞가슴 활짝 열고
힘차게 걸어라

나룻배

아득한 호수 한편 작은 나루터
임 떠난 자리 덩그러니 외로운 쪽배
물안개 걷히면 떠난 임 오시려나

세월 지난 그 자리 서럽고 외로워도
돌아온다는 희망의 끈을 붙들고
간밤의 무서리 친구 삼아 노래하네

아리랑 아리랑 아라리오~ 오~
저기 저 물안개 모두 걷히거든
어기여차 노를 저어 정든 임 찾아가리

너는 내 친구

너는
참으로 곱고 예쁘다
때로는 고맙고 사랑스럽다
때로는 너무 그리워 서럽다

너를 보면 그림이 들어오고
너를 보면 노래가 들썩인다

너를 만나면 감동이 되고
너를 만나면 가슴이 뛴다

너는 나에게 힐링이요, 뭉클한 희망
너는 나의 과거요, 현재요, 미래
너는 내가 살아가는 동력이다

황제 캠핑

여기저기 산 벚꽃 환한 무등의 도원
수억 년 태고의 바위에 내려앉은
별 닮은 오랜 이끼들이 속삭이는 밤

무릇 태양은 동에서 떠서 서쪽으로 지고
달은 뜨기만 하는 줄 알고 살았구나

서쪽 하늘에 어여쁜 초승달 내리니
달도 지는 줄 이제야 알았구나
임은 알까 이 밤 달이 지고 있는 까닭을

소쩍소쩍 소쩍새 울음에 잠들었다
천 마리 새소리가 아침을 깨우는데
아스라이 온몸이 따스한 전기요
무등의 자락 캠핑장 아니라
우리 집 안방인 줄 알았지 뭔가

주말 농부

오동나무 찔레꽃 피어난 5월의 아침
이삼일 고운 임 봄비 오신다기에
화순 오일장에서 골라 온 희망들
더러는 구덩이 파고 더러는 흙 북돋아
몇 줌 퇴비 넣고 풍년을 심었지

주렁주렁 오이 가지 호박이 열리고
꽃잎 떨어진 자리 빼꼼히 고추 열리니
행여 고추 붉어질까 토마토 시샘하고
얼굴 환한 병아리 같은 참외가 영글고
금 그어진 파란 수박이며 옥수수수염이 곱다

이런저런 희망 다져 심고 한 달째
갖가지 열매들이 시간을 다투어 영글어
이내 마음 그새 풍요롭고 흡족하다
어디 마음처럼 쉽게 희망이 익겠느냐만
세월 한 자락에 정성 입히면 족하겠네

일 년 열두 달

1월
가장 새롭게 가장 희망차게

2월
작은 고추가 맵단다

3월
파릇한 희망으로 홍매 백매 피어나고

4월
연녹색 잎새들 촉촉하고 화사한 봄꽃들 만발하니

5월
장미 향이 아름다워 계절의 여왕

6월
검푸른 신록이 진한 여름의 시작

7월
우거진 녹음방초 꽃을 이겨내고

8월
대지를 익혀 소독하는 시간

9월
고추잠자리 너울대고 가을을 익히는 햇살 좋은

10월
잘 익어 배부른 가을

11월
나란히 방긋 사이좋게 바라보며 결실

12월
앞서거니 뒤서거니 그렇게 잘 살아왔구나

푸른 별은 죽어 가는데

지구는 점점 뜨겁게 익어 갑니다
극지방의 견고한 빙하가 떨어져 나가고
동경의 대상 만년설이 녹아내려요
전남 장성 대구 경북에서 열리던
뽀얀 사과는 강원도까지 올라가고

화석연료 사용과 육식을 위한
축산으로 발생하는 이산화탄소에
의한 온실효과 무분별한 산림 훼손
급속한 도시화 플라스틱 비닐 만능
지구는 열감기로 많이 아파요

여름 겨울에 에너지 아껴 쓰고
시장 갈 때 시장 가방 챙기고
종이컵 대신 개인 컵 사용하고
육식 줄이고 대중교통 이용하고
생활 쓰레기 줄이고 분리수거 잘해봐요

지구 생명의 근원 바다를 지키며
더 이상 지구를 죽이는 일 하지 말고
나 하나쯤 아닌 나라도 실천하면

펄펄 끓어 지옥 같은 지구 함께 살려내요
그 옛날 푸른 별로 다시 돌아갈 수 있도록

부부

부부는
서로를 바라보는 것이 아니라
어깨동무하고 어느 한곳을 바라보는 것

태양을 향하는 해바라기처럼
달빛을 따르는 달맞이꽃마냥
아침에 함께 피었다가
저녁에 함께 지는 나팔꽃처럼
백 년의 인연으로 함께 가는 것

부부는 두 손 잡고
사랑으로 행복 새기며
기쁨도 슬픔도 보람도 나누며
인생의 긴 여정 함께하는 것

흉터 있는 문장

매끄럽고 윤기 나는 시어(詩語)보다
인생의 길목 고뇌와 아픔 속에서
하나씩 길어 올린 흉터 있는 문장들은
아름답고 향기로운 예술로 태어난다

사람의 일생이 어찌 평탄하기만 할까
살아가는 세상에 어디 꽃길만 있으랴
기쁜 일, 슬픈 일, 아쉬움이 버무려져
인생도 켜켜이 쌓여 나이테가 된다

인생의 내공이 쌓이고 쌓이면
사랑이 되고 희망이 되고 경전이 된다
생채기 있는 인생길, 그루터기 생겨도
삶의 시어들 찰지고 찰지구나

동백

심장 같은 붉은 해 품어
붉은 동녘 소망으로 맺혔으니
곱구나 너처럼

푸른 잎 사이 빛나는 태양처럼
꿈꾸듯 피워 올린 붉은 꽃
대견하다 너처럼

혹한의 동장군 이겨내고
빨간 사랑으로 피었으니
애달프구나 너처럼

봄날 그리며 톡톡 떨어진 꽃망울
달빛에 서성대고 누웠으니
시리구나 너처럼

접시꽃 한 그루

정열의 시간을 매달고
푸른 하늘 향해 당당히 섰다
회한도 상념도 모두 내려놓고
희망의 숲으로 달려가리라

한 점 나무랄 데 없는 청초함으로
담벼락 밑에서도 호미 쥔 아낙의
어느 시골 밭 가장자리에서도
꿋꿋한 모습으로 반듯한 너는
하늘 아래 그 당당함이 부럽구나

나 홀로 섰으나 벌 나비 찾아드니
외롭지 않아 꿈 하나 곱게 빚어
통창에 비치는 커다란 창공에 걸어 두었다

장가계

햇살 가득한 35도의 시간들
가장 바삐 움직인 3일이었다
걸러지지 않은 태양의 자손들이
억겁의 시간을 쌓은 수천의 돌탑에
추억을 새겨 넣는 시간에도
셔틀버스를 기다리는 동안에도
우리의 정수리에 어깨에
등줄기에 온몸에 휘감겨 내린다

가장 끈적한 시간
가장 치열한 시간
오래 줄지어 선 우리의 치열함이
인구 13억 중국인들만 하겠느냐만
육십 평생 나름의 안정된 삶 중에
오랜만에
참으로 오랜만에 느껴보는
잠시 여행길에서 얻은 작은 경쟁심

수백 깊이의 협곡
수백 높이의 기암절벽 위
푸른 솔은 세월을 잊었구나

이 울울창창한 원시림에
원시의 장가 토가 원가 양가들도
천문산 에스컬레이터
백룡 엘리베이터 타고
시공을 넘나들까

오랜 세월 아픔의 잔도 걸으며
저 수천 수백의 거대한 바위에 핀
눈꽃을 상상하며 땀을 털어 낸다

일곱의 45년 지기 친구들
그 옆을 단단히 지켜낸 다소니들
쉽지 않게 맞춰낸 장가계 여행길
땀 흘리는 장도의 시간에도
경치에 취해 우정에 취해
걸음걸음마다 감사와 감탄을
가슴에 새기고 억겁의 풍경처럼
우정도 추억도 영원하리라

우리 이제 함께한 장가계 풍광을
행복의 창고에 빼곡히 쌓아두고
삶의 터전으로 돌아간다

판소리

가을 향기 타고 넘나드는
우리의 전통 우리의 소리
판소리 고북 소리 하늘 휘감아
남도의 소리로 날아드니
떠난 임 소식 그리워라
보고 지고 보고 지고 한양 낭군
쑥대머리 춘향 옥방 서럽구나
태어난 지 이레 전에 어미 잃고
아버지 광명 위해 몸 바쳐
온 세상 맹인 눈을 뜨네 심청이

저 몸속 깊은 곳에서 길어내는
한의 소리 오금 저리고
정수리 뚫고 하늘로 치솟는다
어단성장 소리에 공력을 더하고
소리 굴리는 기교 또한 일품이요
멋들어진 경드름에 계면의 애원성

북채 빼는 멋들어진 너름새며
이야기를 풀어가는 맛깔나는 아니리
창자와 고수의 교감 못줄 눈금에

모를 심듯이 소리를 풀어간다
소리꾼 관중들과 한 몸 된 교감
제에~, 허이, 아아, 얼씨구, 좋다, 잘헌다
추임새는 판소리의 참맛이로다

절제된 연기와 소리의 공력
목소리와 유일한 악기인 고북
그리고 청중의 추임새가 어우러진
종합예술 그는 깊이를 알 수 없어
재미나고 오지고 옹골차다

4백여 년 판소리 열두 마당 중
순수한 우리 것인 춘향가 흥부가
중국에 뿌리를 둔 심청가 적벽가
수궁가 다섯 마당 제대로 전해오니
어느 한 대목 쉬운 곳 없구나

수백 년 맥 이어온 우리의 소리
살아 숨 쉬어 자손만대 영원하리

* 판소리 : 16~17세기경부터 전해오는 우리 민족 음악

한여름 밤의 상상

한겨울 눈 쌓인 산허리에
찬란한 햇빛에 흩날리는
눈부신 것들을 본 적 있는가
대나무 사이로 스며든 햇빛
배고픈 비둘기 푸드득 날갯짓에
댓잎에 쌓인 눈이 흩어 날린다

가자 저 눈 덮인 광야의 대지로
차갑게 식어버린 땅속 깊이
꿈틀거리는 신비로운 생명들
머지않아 겨울이 녹는 시간
연두의 푸른 생명들이 움트리라
그때까지 땀 흘리며 꿈꾸리라

밤손님

그리워한 적도 초대한 적도 없다
마치 사자가 사냥하듯
생존을 위한 은밀한 접근
그녀는 노크도 없이 뽀뽀 세례
위~잉 찰~싹 뺨이 얼얼
귓전을 울리는 소리에
불을 켜고 손님을 찾아 나선다
멍하니 부릅뜬 눈
그녀는 오간 데 없구나
에~이
잠 설친 밤 짜증이다

행복

어쩌다 차 한잔 밥 한 끼 소주 한잔
함께 할 친구들 있다는 것

심심할 때 취미생활
함께 할 사람 있다는 것

가끔은 전화 걸어 안부 물을
친구 있다는 것

나를 인정하여 잊지 않고
불러주는 사람 있다는 것

먹고 싶은 음식 당기는 음식
편한 마음으로 먹을 수 있다는 것

어쩌다 땀 흘리며 운동하고
스스로 건강하다 위로할 수 있다는 것

어쩌다 불쑥 안부를 묻고
소식 전할 수 있는 단톡방 몇 개쯤 있다는 것

다짐

삶의 고요 속에 시작된 詩作
자연을 노래하고 우주를 연다
인생을 돌아보며 또 하나의 희망

세상의 모든 것이 시를 불러도
어느덧 가뭄으로 시들어 버린
시어들의 가난함에 울고
발명이요 창작의 고통은 신음
마침표 하나에도 커지는 고민
명시 하나 남기고픈 조바심

나의 시 덧없고 부질없으니
어찌 삶과 같다 아니 할까
시인이 꿈꾸는 사색의 바다
다독 다상 다작의 약속들

싱그러운 시어들을 키워내자
깊은 사유 길어내어 내면의 꽃
아름다운 도자기 구워내듯
한 점 한 점 정성으로 빚어보리라

사는 게 내 맘 같지 않지?

요새 힘들지?
네 마음 다 알아
열심히 해도 잘 안될 때가 있지
원래 사는 게 다 그래
인생이라는 게 모두 다
내 마음처럼 되는 게 아니더라
너뿐만이 아니고 다 그렇게 사니까
지금은 힘들어도 실망하지 마
포기하지 않으면 반드시 네가
곧 원하는 걸 이루게 될 거야
얼마 남지 않았어 이제

친구 만나러 가는 길에

단풍잎 별똥별처럼 쏟아져
지난 계절 추억하며 흩어져 운다
슬픈 우리 사랑들 가슴 아파
더러는 울컥 목이 메인다
어디론가 훌쩍 떠나고 싶은 시간
마음은 이미 길 떠난 나그네

아침나절 바람이 분다
큰길 건너려는 낙엽들이
마라톤 출발 전이듯 웅성거리다가
바람이 부는 호루라기 소리에
일제히 구르기 시작한다

데굴 데구루루 데구루루
어떤 녀석은 펄쩍 뛰어 난다
그러다 길 한가운데 모여
빙그르르 몇 바퀴 돌다가
구르다가 겨울 향해 달린다
이래저래 11월은 헛헛하다

우정

바람이 가을을 넘기고 있던 날
친구가 단감을 가져다 먹으라기에
짬을 내 나주로 내려가는 길
아내는 잡곡을 손에 들려 주었다
6년을 출퇴근했던 익숙한 길
인생의 일부가 녹아있는 나주혁신
연필처럼 깎아지른 건물은 그대로
이젠 낯선 그림자 애증이 어른거린다

우회전이면 그곳에 내가 있던 자리
커다란 사거리 한 무더기 낙엽의 무리
어디로 가는지 큰길을 건너고 있다
친구 부부는 감 한 상자와 햇볕 닮은
고춧가루를 흔들며 바람 앞에 서 있었다
그들의 우정이 사뭇 시큰하다

또 다른 친구들과 나눈 커피 한잔
내 소중한 일상이 이 가을날의
또 한 페이지를 넘기고 있다

선택의 시간들

수북이 쌓인 먼지가 싫어
이제는 인생을 내려놓고
정리하는 수순에 들어
쉽게 쉽게 버려지는 것들

1년쯤 매달린 햇빛 이야기도
욕심이었을까 만용이었을까
괜찮다 할 만한 인생길의 기회도
그러다 금강경을 내다 버렸다

아직 아직은 살날이 많아
버림도 조심조심 신중해야 해
평생 이런 불편한 오류를
얼마나 범하며 살아왔을까
어쩌다 잠 못 이루는 샛별에
얼마나 많은 그리움을 잠재웠을까

기다리면 또 다른 경전이
어떤 귀인이 곱셈을 준비하고 있겠지
내가 0이 아닌 바에야

휴면의 시간

내 뇌의 창을 모두 닫고
메인 스위치 내리면
어느새 정신은 어둠 속
푸른 적막의 공간으로 간다
죽은 듯 밤새 잠든 시간
영혼이 모든 걸 내려놓는

치열했던 한낮을 내려놓고
내일의 희망을 꿈꾸는 시간
잠은 보약이요 꿀 같은 휴식
누구나 언제인가 영원한 휴식
그 휴식 후회 한 점 없도록

단풍별

초록으로 반짝이던 단풍별
알록달록 고운 꿈으로 물들어
정들었던 임의 품은 이별이라
무서리 반짝이는 아침이 오면
동그란 하늘 이별하는 오색 단풍별

지나는 차디찬 초겨울 바람에도
그 꿈 그 소망 간직하려 하였더니
어느새 색 바랜 갈색 희망이 되어
여름 햇볕에 그을린 불가사리처럼
옹기종기 모여 앉아 추억을 토해낸다

제2부

강물처럼

해

소리 없이
만물을 키워내는
어버이로다

별

밤이면 초롱 빛나
동심 일깨워
인류가 우주로 향하는 등대

달

한 달, 두 달, 석 달…
세다 보면 세월 가니
달은 속절 없는 세월인가

낮달

세상에 태양은 하나
그래도 해와 달은 두 개
밤이 모자라 쫓아온 낮달
임 그리워 찾아왔구나

눈

세상을 모아 연결하는 다리요
진심을 비추는 호수다

본 게 너무 많아 점점 흐려지나
흐려진다고 진심이 달아났을까

손

쥐고 있는 것을 놓아버리면
손바닥이 쉬고 손금도 보인다

내려놓으면 내면이 보이고
휴식도 생기더라

산

오르라고 산이 있나
내리라고 산이 있나
굽이굽이 오르막 또 내리막
바위랑 흙이랑
나무랑 풀이랑
인생마냥 그렇게 오래 쌓였나 보다

술

어떤 이에게는 최면제요
어떤 이에게는 치료제
술은 외교의 달인
잘 쓰면 친교 과하면 전쟁

또 달

돌아 돌아
한 바퀴 돌아
도로 보름달이니 달

돈

돌고 돌아
내 것 네 것 없으니
빙빙 돌아 돈

생물

퇴직하면 건어물
현직은 생물

생물은 언젠가 건어물 되고
건어물도 한때 생물이었다

음악

음악은 휴식이요, 감성
음악은 치유요, 위로

노래는 옛 시절의 추억

움트다

연분홍으로 연초록으로
매화가 움트고
새싹이 움트고
생명이 움트고
새봄이 움트고

사랑도 움튼다

노을

노을 보러 석양 찾아갔더니
부끄러워 볼이 불그레

사랑 고백하렸더니
금세 도망갔구나

꽃 보듯이

너만 보면
좋아

너만 보면
그냥 웃음이 나와
봄날 꽃 보듯이

손주 꽃

이쁘다
참 이쁘다
어찌 이리 이쁠까?

날 닮아서일까?

경포의 달

휘영청 떠올라
호수에 내린 달

벚나무 불그레
달님은 발그레

인연

사람의 인연은
하나하나 쌓아가는 것
눈처럼 바람처럼 물처럼
그렇게 나이테를 늘려가는 것

잘 가시게, 나의 가을

11월의 마지막 날
짙은 구름 군데군데 보이고
찬 바람 불어 이제 겨울인갑다
차디찬 바람 시린 바람
손이 시리고 귀도 시리다
첫 손님 첫눈이 온다더니

여름은 여름다워야 하고
겨울은 추워야 제맛이지
바람에 흩날리는 낙엽들
구석에 뭉쳐 빗자루 기다리는 단풍잎들
모두 세상과 호흡하며 네 한세월 풍미하며
세상 위해 너의 소명 다했으니
미련일랑 내려놓고 훨훨 먼 길 떠나시게

구름 사이로 햇살 한 가닥
살며시 새어 나오니
내일의 해는 구름 뒤에 숨었구나
결실이요 수확의 계절,
찬란했던 아름다움이여
그러면 안~녕
잘 가시게 나의 가을

콩나물시루 법칙

짚을 태워 보드라운 재가 되면
휑하니 부엉이 눈 같은 시루에다
콩 한 줌 짚재 한 줌 쌓는다

아침마다 물 한 바가지 부어주면
물은 시루 구멍으로 다 빠지고
며칠 지나면 뿌리가 내리고
여름 장마에 오이 자라듯 한다

우리 몸도 그렇다
공부도 그렇다
우리 인생도 그렇더라

끊임없이 반복되는 운동
어느새 나도 모르게
근육이 질겨지고 건강이 자란다
형설지공 공부도 무르익어야 한다

우리네 인생도 세월 흘러
콩나물처럼 경험이 자라고
시나브로 情도 쌓여 간다
어느새 나도 모르게

가끔은 이럴 때 있습니다

살면서 서운할 때가 있습니다
각자 나름의 생각이 있고
내어주고 싶은 만큼의 품이 있어
기대에 못 미치는 까닭입니다

살면서 외로울 때가 있습니다
모두가 내 마음 같지 않고
생각이 달라 함께하지 못해
미안한 마음이 있기 때문입니다

살면서 생각이 많을 때가 있습니다
세상이 뜻대로 마음대로 되지 않고
지난 선택이 최선이 아니었듯
완벽한 인생은 아니기 때문입니다

가끔은 고민하며 머뭇거리기도 합니다
그러다가 행복의 미소를 짓다가
걱정거리 생겨 마음 졸이기도 하고
사는 것은 오르막 내리막의 반복입니다

어쩌다 한잔하고 싶을 때도 있습니다

동자꽃

여름이 턱에 차오르는 시간
붉은 분홍으로 피어나는 동자꽃
깊은 산 풀숲에서 외롭게 피어난다네
맵시도 없고 화려하지도 않은 너
언뜻 엉성하게 큰 다섯의 꽃잎도
자세히 보니 어여쁜 하트 다섯 장
순결하고 고결한 사랑 가슴속에 숨겨 놓았나

늦여름 시원한 동동주 한 병 챙겨 들고
네가 있는 그곳 곰배령에 올라
동자꽃 동무 삼아 물봉선이랑
나리꽃이랑 바람꽃이랑 모여 앉아
푸른 하늘 안주 삼아 한잔하고 싶다

느낌표

느낌표!
느낌 있구나, 희로애락의 표현
96가지 문장부호 가운데 네가 가장 이뻐
늘씬하고 콧등에 점 하나 보기 좋구나

종결의 의미인 마침표보다
의문을 제기하는 물음표보다
너는 부드럽고 사랑스럽다

고마워!
사랑해!
신난다!
아이 좋아라!

고북

합과 쩍이 가장 중하다네
합은 열고 쩍은 닫으라 하네
둥근 고북 안에 우주가 있고
그 안에 질서와 법이 있다네
따북 따북 멋들어진 북장단에
판소리가 살고 죽는다

부풀어 용맹한 두꺼비 같은
북채의 너름새 아름답구나
중모리 중중모리 진양조
엇모리 엇중모리 자진모리
휘모리장단에 세상 시름 날아가고
신나는 가락에 근심 걱정 어드메냐

합 궁따 궁따따 웃궁 쩍 구웅 합
신바람 고수는 멋들어진 광대
어~ 좋다 그러제 얼씨구 좋~다
추임새 빠지면 앙꼬 없는 찐빵
앉아 치는 장단은 어느새
공중제비 돌아 별나라로 간다

일상에서

아직은 영락없는 깊은 겨울
응달엔 하얀 그림자 드리우고
1월도 하순 너머 쏜살같은 세월
바람 없는 양지는 살갑게 따뜻한데
상념 지워내고 명상에 젖다 보면
어디에서 왔다가 어디로 가는지
어디만큼 왔는지 가늠이 없구나

어쩌다가 이른 새벽 잠 깨면
이 생각 저 생각에 잠 못 이루고
어느 별이면 고요한 평화일까
이만하면 괜찮다 자부도 해보고
잘 살아왔다 위로도 하면서
여명으로 또 하루를 열어 본다

잔잔한 호수 잔물결 일구며
먹이를 찾아 나선 물고기처럼
오늘도 가장 기쁜 사랑으로
소망의 푸른 해를 맞이한다

딩동댕

결코
비굴하지 않게
구차하지 않게
그렇게 살아간다
세상살이 험난해도
웃으며 즐겁게 살아가야 해

살다 보면
때론 서글픈 적 있지만
밝게 사는 거야
가끔은 삐뚤빼뚤 비틀거려도
오뚝이처럼 일어서는 거야
그래
넌 항상 딩동댕이야

꽃

바람에 실려 온 네 고운 향기
봄의 입맞춤으로 살며시 다가와
흩날리는 꽃잎마다
추억의 조각들이 피어납니다

꽃 한 송이 또 한 송이
세상의 격정에도 고요히 웃으며
삶의 찬란한 순간들 담아내고
희망의 빛으로 감싸안았지요

사랑의 아픔 기쁨의 눈물
모든 감정이 꽃으로 피어나
자연은 한 편의 시가 되어
마음의 정원을 물들입니다

이 순간 꽃이 전하는 이야기
귀 기울여 들으며
우리도 한 송이 꽃처럼
소중한 존재임을 깨닫습니다

너를 만나러 간다

이제 날개를 펴고
너를 만나러 간다
봄은 첫 손님처럼 오고
내가 맞아 보듬는다

상념의 시간들
헛헛한 가슴 다 내보이며
선택의 기로에 마주 보며
네 따스한 어깨에 기대고 싶다

뒷동산 언덕마다 실눈 뜬 봄
너를 만나러 간다
너를 보면 쌓인 외로움 내려놓고
네 온기에 위로받고 싶다

이런 사람

너는 늘
씩씩하고 힘 있는 목소리
자신 있는 말투
빙그레 웃는 모습

네 말 듣고
자신감 넘치는
너를 만나면 세상에
아무런 걱정이 없는 듯한 그런

긍정의 힘으로
주변을 힘 나게 하고
어려운 일도 막 될 것 같은
그런 사람이면 좋겠어

명상

조용히 두 눈을 감아봐
반듯이 앉아 두 손 모으고
마음을 모아 의식을 고요하게
코로 숨을 마시고 입으로 내쉬어
무념무상 심신이 편안해지거든

아무런 잡념도 걱정도 모두 다
털어내고 생각마저 비워내 봐
아무런 소리도 들리지 않고
아무런 생각도 없이 그렇게
아득히 먼 세계로 빠져들어봐

마음이 안정되고 심신이 쉬면
만병이 사라지고 정신도 육체도
모두 건강해진대

개 팔자

삼복염천(三伏炎天)
초복이 중복이 말복이가 살았다
더러는 옆집 누렁이와 품앗이로
복날을 기념하여 단백질로 떠났다
그들은 된장을 끔찍이도 싫어하여
색깔만 비슷해도 모조리 먹어 치웠다
시골집 헛간 구석에 매달린 썩지 않은
동아줄은 수십 년을 그곳에
거미줄과 동무하며 남아 있었다

그러던 그들이 안방 침대를 쓰고
소파의 가운데 자리는 개님의 차지
유모차 타고 사람을 산책시킨다
너를 혼내면 학대죄로 처벌받는다니
이제는 네가 우리 집 대장이구나
개 엄마 개 아빠와 뽀뽀는 일상
개 팔자 상팔자는 훌륭한 예언

개 유치원 화장터 스파 호텔
이제 개도 사람처럼 산다
훗날 내 죽어 환생한다면

자유로운 뉘 집 개로 태어날까
그래도 개보다는 인간이 나을까

강물처럼

그저 강물처럼 살자
저 강물처럼만 살아가자
은빛 비늘 윤슬 등에 업고
도도히 흘러 그 깊이 닿지 않는 곳
그 넓이도 알 수 없는 곳으로
밤새 달려도 이르지 못하는 그곳
강물처럼 하염없이 흐르고도 싶었다

때 묻지 않은 순백의 어린아이처럼
까르륵까르륵 해맑게 웃어대고
고래가 숨을 쉬러 물 밖으로 나오듯
어쩌다 숨 쉬며 살아가자 했다

인간의 욕망은 끝 닿는 데 없고
구슬피 울어대던 감나무 부엉이는
겨울 찬 서리 삭풍에 깃을 여미니
강물도 얼어붙어 봄은 아스라이 멀구나

추억의 간식

적당히 눌어 촉촉한 깜밥
불꽃을 견뎌야 했을 인고의 시간
간식이 부족한 배고프던 시절
어머니는 보리쌀이 팔 할인
가마솥의 사랑을 정성으로 모아
자그마한 주먹밥 예쁘게 만들어
살강 안에 꽁꽁 숨겨 놓으셨습니다

어쩌다 배고픈 자식들에게
그 사랑을 가만히 전해 주셨습니다
밥이 부족한 끼니도 마다하고
깜밥 훑어 뭉쳐 만드신 사랑은
하굣길 기다리는 모정이었습니다

끓여 드셔야 했을 당신의 한 끼를
물 한 바가지로 대신하셨을…
그 시절 어머니가 우리 육 남매에게
베푸신 사랑은 절절한 그리움입니다
시간 흘러도 그 향기 그 고소함은
젊은 엄마의 모습으로 남아 있습니다

* 살강: 그릇 같은 것을 얹어 놓기 위하여 부엌의 벽 중턱에 가로 드린 선반이나 시렁

화롯불

무서리 내려 문풍지 시리던 밤
큰방 윗목 구석에 속 붉은 작은 용광로
담장 너머 키 큰 감나무 끝에는
배고픈 부엉이 별 구경하고 있었다

밤새 온돌방 화롯불도 식어가고
대가족 3대는 체온을 부둥켜안고
할머니 옛날이야기 자장가 삼아
한겨울 긴 밤 키 크는 꿈 꾸곤 했다

아침이면 화로는 숯불로 채워지고
윗목 그 자리 지키시던 할머니는
화롯불을 수없이 다독이며
곰방대 연초를 연신 뻐끔거리셨다

어쩌다가 가느다란 고구마가 익어가고
귀한 김 몇 장 고소해지던 그 화로
겨우내 따뜻했던 화롯불은 사랑의 불
행복했던 시절 그리움으로 남았다

제3부

목련꽃 그늘에 앉아

강냉이

나 어렸을 때
집 앞 밭 한 되지기에
정들었던 뽕나무 모두 캐내고
그때는 귀한 비닐 깔고
줄 세워 강냉이를 심었다
가난을 물리칠 희망을 심었다

부모님의 정성에 튼실하게 자라
빨랫방망이만 한 크기의 옥수수를
아버지는 트럭에 가득 싣고
만선의 어부처럼 흙먼지를
뒤로하고 서울로 가셨다

트럭 운전사 잠을 쫓아내며
밤새 도착한 서울의 공판장은
전국에서 올라온 트럭들로
그 끝을 알 수 없었다는
아버지의 한숨 소리
지금도 귓전에 맴돈다

고속도로

노루귀 같은 연둣빛 잎사귀
매화 피고 복사꽃 핀 다음
감잎은 뒤따라 깨어나곤 했다

마당엔 감꽃이 별사탕처럼 뿌려졌다
우리는 감똘개라 불렀고
달보드레 감똘개는 간식이요
귀엽고 예쁜 감꽃들 실에 꿰면
다이아몬드 목걸이 되었지

어린 감들은 앞서거니 뒤서거니
형제들과 하나둘 이별하며
가을 햇살 머금은 홍시 되었고
우린 파시감이며 대봉감 나무에
반질반질 고속도로를 내곤 했다

서리꽃

들녘에도 고운 단풍잎에도 밤새도록
켜켜이 서리꽃 성긴 바람으로 왔다

어린 시절 호박잎이며 볏짚 위로
보송보송 서리꽃 피어난 아침이면
화롯불 곱게 다독이던 우리 할머니
방문 여시며 언능 감자 캐야 쓰겄다
서리가 많이 오면 보리 풍년 든단다

서리꽃 피어 새하얀 입김 날 때면
우리 강아지 강아지 하시던 할머니
음성 들리니 그 시절이 못내 그립다

* 감자: 고구마의 전라도 방언이다. 저자의 어린 시절에는 고구마를 감자라고 하고, 감자는 하지감자라고 불렀다.

그리움

1월 어느 날 고운 햇살 남기시고
홀연히 떠나신 나의 고운 임
떠나신 계절이 겨울이라도
임의 마음처럼 햇살은 따뜻했지요

겨울도 봄을 못 이겨 떠나고 말더니
앞산 뻐꾸기도 임 그리워 울어대고
내 어머니 계신 그곳 그 자리에
어느새 파란 잔디가 자라났어요

어머니 누워계신 자리 고운 흙이
보송보송 고우신 건 임의 성품 닮았으니
파릇한 잔디에 사랑 가득히 내려놓고
무심한 세월에 그리움만 사무칩니다

어린 시골

우린 들판의 바람처럼 뛰어놀곤 했었지
햇살 아래 숨 쉬던 초록빛 아이들
나무 그늘에 앉아 바람을 세고
깔깔 웃음소리 바람결에 흩어졌어

마을 끝을 지나 논두렁 길 따라
함께 걷던 우리 그때는 몰랐지
세월이 흐르고 먼 길이 되면
우리의 추억이 얼마나 소중할지

별이 쏟아지던 여름밤 하늘 아래
달빛 동무 삼아 손잡고 놀던 순간들
지금도 기억 속에 반짝 빛나는
그 친구들 우리들의 바랜 추억들

이제는 먼 곳에 있을 아이들이지만
그날의 바람과 풀잎 향기 속에
함께 있는 듯 마음 깊은 곳에
그들의 웃음소리만 남아 있네

장독대

꽃망울 빼꼼히 미소 짓더니
장독대 옆 작약이 함박 웃었다
봄밤에 별들이 내려와 앉아
소꿉놀이하다 지쳐 쓰러졌나

흐드러져 모로 누운 작약꽃
할머니도 어머니 아버지도
좋아하셨던 탐스러운 저 꽃
한 아름 가득 안아 모아
끈으로 예쁘게 묶어 주었다

시골집 마당의 사계

봄
마당 가 감나무
연초록 이파리 아기 손 내밀어
새벽이슬 받아 마시고

여름
텃밭의 상추며 돌나물이며 채소들은
싱그러운 여름비에
너울너울 춤을 추었지
대문 옆 작은 화단 해당화 한 그루
여기저기 흙 닿는 곳이면
아기자기 채송화 봉숭아꽃
늦여름 보리타작하는 날이면
마당은 온통 먼지투성이요
세찬 소나기 오는 날이면
미꾸라지 몇 마리 뛰어 놀고
안 뵈던 두꺼비도 걸어 나왔지

가을
추수 때가 되면 거둬들인
볏단으로 좁지 않은 마당

빼곡히 낟가리 가득했고
덕분에 새앙쥐들 바빠지고
나는 살 오른 메뚜기 잡으러
논두렁 밭두렁을 누볐고
뒤꼍의 파시감은 홍시 되어
가을 햇빛에 반짝거렸다

겨울

어쩌다 눈 내린 아침이면
시린 손 불어 가며 마당을 쓸고
이웃집 고샅까지 눈을 치웠다
지붕보다 높은 감나무 위에는
홍시들이 어까리에 앉아 있고
이른 새벽 부엉이 우는 소리에
잠이 깨어 소변보러 마루에
나가면 커다란 그 녀석은 집 앞
감나무에 시커멓게 앉아 있었다

하루의 시작은 마당을 쓰는 일이었다

* 어까리(어리): 병아리를 가두어 키우던 대나무로 만든 도구

백합꽃

댕기 머리 곱게 하얀 백합 같은 소녀야
오늘도 마루에 앉아 옛 향기에 취해
문득 행복했던 그 시절로 간다

땅속에 자리 잡은 새하얀 백합의 뿌리
은은한 향기 마당을 가득 채웠지

켜켜이 쌓인 향기 세월 거스르니
세월은 흘렀어도 그 시절 그리워라
마당에는 하얀 백합의 향기 새롭다

숲정이 친구들

나뭇가지 사이로
쌓인 눈 한 움큼씩 쏟아져 내리고
그 세월만큼 인고의 삶도 떨어져 내린다

오랜 세월 동복천 보듬어 온 숲정이
세월길 너머 켜켜이 쌓인 나이테
한 자리 지켜내며 한 치씩 한 뼘씩 자라
조금씩 먼 세상 구경하며 한평생을 살아냈고
자란 키만큼 희망의 뿌리도 깊고 넓게
서로를 부둥켜안았다

그 세월 돌아 돌아 그 얼마나 치열하게
켜켜이 쌓아온 인생이던가?
온 세상 함박눈에 갇혀 세월이 멈추었네

곱게 곱게 나이 들어
착하디착한 친구들이여!
부디 아프지 말고 행복하세나

추억

문득
아득히 잊고 살았던 많은 것들이
소중한 모습들로 다가설 때
우리는 추억이라는 이름표를 달아줍니다
하나씩 하나씩…
국민학교 중학교 다닐 때
이러저러한 에피소드들
땟국물 흐르는 얼굴로
시커멓게 그을려 미꾸라지 잡고
꼴망태 짊어지고 꼴 베던 순수했던
어린 시절 수많은 추억들을 소환합니다

행복은 차곡차곡 쌓아두는 게 아닙니다
행복은 그때그때 누려야 커집니다
웃음도 지금 웃지 않으면
금세 증발해 버리는 수증기와 같습니다
지금 웃고 지금 당장 행복해야
삶이 풍요로워지고 신이 납니다
그래야 후회도 없습니다

춘설

기다리던 봄 초입인 줄 알았더니
하얗게 열린 하늘 닫힐 줄 모르고
사철 푸른 소나무 겸손해진다
씽씽 거들먹거리던 자동차도
온 세상도 제법 겸손해졌다

온갖 추한 세상 며칠만이라도
감춰 두고 싶은 전설 같은 힘이여
수만 가지 형상 지어내는
너는 바로 우주의 마술사

건강 위해 나선 수많은 발자국 따라
무념무상 걷다 보니 방긋 웃는 햇님
쌓인 눈에 임의 발목 묶였나 보다

꽃샘추위

저만치 오던 봄 걸음 멈추고
떠나던 겨울 다시 돌아왔네
가던 겨울 진눈깨비 흩뿌리고
파릇한 냉이 양지바른 곳
봄 쑥도 머뭇거리네

먹이 찾아 나서던 청개구리
가뭄 든 엉덩이만 내놓고
나뭇잎에 머리를 조아리네

얼어붙은 매화 향기
첫 계절 밀어낸 봄눈 녹아
내일의 희망으로 흘러
기쁘게 훈풍 되어 오리라

목련꽃 사랑

목화송이 닮아 시리고 아픈 사랑아
양지바른 고샅 한 귀퉁이에 앉아
너에게 또다시 편지를 쓴다

한 계절 백옥인 양 내 마음 흔들어 놓고
올해도 예쁜 정원 한편에 가냘픈 너
한 조각 이파리도 없이 그 자태 곱구나

수정 같은 청순함으로 하늘을 우러러
너무 쉽게 핀 사랑은 이제 그만
가는 봄 따라 세월도 저만큼 떠나가네

목련이 다 피면 봄바람에 갈변해도
어찌 사람의 마음에 비할까
내 사랑 목련화여, 그러면 안녕 안녕

홍매화

화엄사 황매화 사진만 보아도
봄의 날개처럼 가슴이 뛴다
수백의 세월 부처님 자비의 빛
봄의 희망 내뿜어
태양의 빛깔로 빚어낸 고운 향기
고운 임 발자취
어찌 이리 고울까
어찌 이리 서러울까
긴긴 시간 엄동의 시간
화엄사 경내가 환해지는 그날
우리가 꿈꾸는 정의로운 평화의 날
봄의 아지랑이 따라 터트린 꽃망울
묵묵히 꽃 피워낼 그날을 기다린다

선암사 매화

찬 바람 겨우내 꽃물 끌어모은
수백 년 고목도 꽃을 피우고
매화 향 경내 은은히 퍼지더니
봄도 봄꽃도 시샘하는 춘설이라
빨강 고운 꽃잎 위 목화 옷 입었더라
사람들은 설중매라 부르더니
카메라 셔터 소리 울려 퍼진다
시린 꽃잎 아무런 불평도 없이
머나먼 아름다운 별로부터
수백 년 날아온 선암사 매화
겨울이 그리 추웠던 것은
너를 위한 몸부림이었나보다

봄맞이

푸르게 실눈 뜬 나뭇가지
돌돌 돌 얼음장 밑 물소리도
봄 찾아가는 길 흥겹더라
세찬 눈보라 잦아들기를
두 눈 질끈 감아 인고의 시간

게을러진 내 일상에도
누군가 슬그머니 다가와
이름 모를 사랑 꽃씨 한 알
슬쩍 놓고 가더니 봄이었네

세찬 눈보라 치던 날
천수를 다한 임 떠난 자리
쓸쓸함 외로움 다 떨쳐내고
기지개 켜고 봄맞이 간다

봄의 랩소디

와~아 비다 비 온다아
두 팔 벌려 봄 손님 반긴다
입을 쫘악 벌리고 빗물 받아 마신다
엉덩이를 씰룩씰룩 춤을 춰댄다

내 몸속에 자라는 새파란 움들이
어서 빨리 나가겠다고
발길질을 해댄다

유리창에 부딪혀 내리는 봄
봄은 솔잎에도 매달리고
내 마음에도 꿈처럼 흐른다
꿈처럼 이렇게 말이야
봄이 주렁주렁 매달려 있다

유월이 오면

입석대 닮은 얼음꽃 뽀드득 밟던 보리밭
그 춥던 겨울바람 이겨내고
아지랑이 너울대던 청보리밭
청보리 필 무렵 보리 모가지 하나 뽑아
자그맣게 끊어내어 지그시 깨물어서
하늘 향해 불면 뿌우 뿌우 바리톤
마디까지 끊어내어 엄지손톱으로 갈라
힘주어 불어대면 삐이 삐이 소프라노

보리피리 푸르던 어린 고향은
어느새 꿈 많던 파란 보리 냄새
덜 익은 보리 한 움큼 베어다가
숯불에 구워 비벼대면 숯 검댕이 보리알
입안은 파릇하니 구수한 향기가 가득

이번 주말 청보리밭 찾아가서 딱 한 개
보리피리 만들어 어린 꿈을 소환해 볼까

목련꽃 그늘에 앉아

어느새 봄이다
비바람 몰아치던
한여름 밤의 두려움도
희망 품은 시절 눈보라에
겨울 들판 살 조이는 추위도
모두 견디며 훈풍 고대하던
인고의 아픈 옹이를 보았는가

저 순결의 꽃 순백의 목련
가을걷이 뒤에 가려진 아픔
그들이 빚어낸 봄빛의 전령
해맑은 목련꽃도 그늘 있었지
환한 흰 순결 바람의 친구
뒤통수에 그리움 한 바가지
주렁주렁 매달려 샐쭉 웃고 있더라

순백의 여인아

따스한 정 마음으로 전해올 때면
고운 음성 사랑의 노래
하얀 숨결 머금은 채
봄바람에 곧 피어날 너
햇살 스치면 고운 미소 떠올라

바람 한 줌에 흩어질까
조심스레 불러보는 그 이름
순백의 모습으로 피어나면
곧 만나게 될 목련꽃 여인아
백옥같이 고운 여인아
너의 봄은 내게 또 얼마나 머물까

봄꽃

봄 향기 그윽하게 피어날
눈부시도록 곱게 필 꽃들아
그 아름다움 따라온 발걸음
그 향기 따라 모인 시선들
벌 나비 어여쁜 봄의 꽃들아
마음속에 미리 핀 나의 꽃들아

겨울이 차고 시린 것은
머지않아 봄이 오기 때문이지
겨울 한파도 폭설도 물러설
봄기운이 저만큼 오고 있다

널 기어코 기다리는 것은
아지랑이 닮은 로맨스 때문이리라

꽃 피는 봄

동장군 벗어던진 산 벚꽃
세량지 빛 부신 윤슬에도 잠기고
곱고 화사한 순결의 목련은
드높은 하늘에도 벌었다

산들바람 온기로 피어나니
너도나도 신나서 손 내밀어
저요 저요 여기저기 박수를 친다
꽃을 피우는 일이 어찌 우연이랴

사람들의 가슴에도
분홍의 새콤한 진달래며
종알종알 예쁜 개나리도
곱게 곱게 피어난다

봄은 꽃으로 피어나니 반갑고
나도 꽃으로 피워 내니 좋구나
봄은 언제나 환하게 빛나고
나는 봄 따라 세월 한 조각 줍는다

동백

긴긴 기다림에 지쳐도
한설 혹한에도 푸른 꿈 간직하니
독야청청 붉은 맘 피워 낸다

새하얀 면사포 쓰고
연지 곤지 곱게 단장한
새색시인 듯 부끄러워라

붉디붉은 꽃망울 툭툭 떨어지고
따스한 봄맞이 하고 나면
동백기름 반지르르 곱게 바르고
새색시 마중하리라

해동(解凍)

봄나물 빼꼼해지면
강물이 갈라선다
얼어붙어 결코 풀리지 않을 것만
같았던 겨울의 사신들

북쪽 어느 곳 산기슭 응달에
희끗희끗 순백의 저고리 남았네
강물이며 계곡에 단단히 자리 잡아
부풀며 몸집을 키우던 얼음도

꼬물꼬물 소리 없이 오는 봄
이 겨울 저물고 봄기운 솟아나면
계곡물 가재 손뼉 치며 노래하고
버들강아지 춤추겠네

겨울아 겨울아,
서럽게 미련 두지 말고
우리 엄니 시린 무릎 흐린 눈
아픈 허리마저 모시고 가렴

가장 작은 2월에게

열두 형제 중에
둘째 2월은 가장 왜소하다
장자인 1월은 새해의 희망
셋째인 3월은 새봄의 시작이라
4월은 무르익은 봄 푸르고
5, 6월(오뉴월) 따스하여 녹음이 시작된다
7, 8월은 녹음방초 우거지고 신나는 여름
9, 10월은 가을 결실 풍요롭고
11월도 가을 접히고 낙엽이 고와
12월은 한 해의 마무리
2월아, 그래 고맙다
네가 없다면 어찌 봄이 오겠느냐
네가 있어 양지에는 뽀얀 매화가
꽃망울을 준비하고 남쪽에는 황금빛
산수유가 봄을 기억하고 저만치 걸어온다

봄의 소리

꽃은 웃어도 소리가 없다지만
하하 호호 여기저기 좋아라고
희망 가득 봄맞이에 가슴 설레죠

여명의 시간 가장 맑은 소리로 짝을 찾는
새들의 노랫소리 들어 보셨나요
봄날 아침 가장 맑고 고운 해를 보셨나요

가슴을 활짝 열고 가장 화사하게
순백으로 연분홍으로 피어난 벚꽃 잔치에
초대된 기쁜 우리 아침 산책길이여

내 친구 동백

어디 동백 한번 보러 가자
그 예쁜 얼굴 나의 친구 동백
사시사철 푸르른 그 절개
어여뻐 품고 싶은 동백 만나러 가자

곱상하게 태양 닮은 그 자태 위에
소복이 눈 쌓인 너를 만나러 가자
외로움을 삭혀 고고하게 피어난
그런 너를 마음으로 보듬어 주마

초록과 빨강 백색이 하모니 이뤄
어우러진 세상 그곳으로 떠나 보자
하늘과 바다가 닿는 곳 동백 찾아
나의 아픔 나의 억울함 달래 볼까

봄기운에 기대어

차디찬 칼날 같은 삭풍도 잠시
봄의 처마 끝 가지마다
여며두었던 두터운 외투 들추고
빼꼼히 삶의 희망 움터온다

겨우내 산기슭 기슭마다
숨죽인 수많은 생명들은
참고 있던 숨을 토해내고
어여삐 뜨거운 희망 뱉어낸다

한 치 앞도 안 보이던 칠흑 같은 어둠도
실망의 바다에서 토해내던 한숨도
새봄의 향기에 무릎 꿇어 떠나고
새 희망의 기운으로 벌떡 일어선다

매화마을

아련한 봄 햇살들이 사는 강변
천지에 매화 향 그윽하니
인심이 모여 가득한 사람 꽃

백매화 홍매화 양지바른 언덕에
지천으로 울긋불긋 꽃 대궐 지었나니
봄 소풍 나온 꽃잎들의 설레는 봄노래

찬 서리 동장군도 막아서지 못한
저 많은 매화 꽃잎 같은 사람 꽃
모두 다 따사로운 봄바람 봄마음

봄 햇살 물들어 눈부시게 붉은 홍매화
흰 눈 녹아 새하얀 하늘 닮은 백매화
봄기운 받아 복 꿈꾸는 봄 손님들

봄의 전령

묵은 매화나무 등걸
흰 눈 쌓인 언저리
작년에 새로 난 가지에
산뜻이 고운 매화꽃이
겨울을 뚫고 나와 앉았구나

밤새 내린 무서리 꽃샘추위에
시린 밤 끄떡없이 지새더니
따스한 봄볕 불러 세워
서러운 볼 간질이는 봄바람과
뽀뽀하라 채근하더라

봄바람 불더니

봄바람이 불고 빗방울 드니
벚꽃은 꽃비 되어 흩날리고
반질반질 황톳길에 내려앉은
꽃잎들은 향기로운 꽃전 같으이

꽃이 진다고 너무 아쉬워 마시게
벚꽃 지고 나면 순백의 배꽃 피고
분홍 예쁜 사과꽃도 따라 피고
배꽃 사과꽃 지면 봄도 따라 저물겠네

꽃 봄이 지고 나면 여름이 오고
가을 지나 겨울 가면 또 봄이로세

봄

봄이 알록달록 꽃이 되어
내 눈으로 들어왔다

봄이 따스한 바람 되어
내 가슴에 스며들었다
살며시

봄이 아름다운 향기 되어
내 코를 건드렸다

봄이 쑥 향기로 변해
내 안으로 들어왔다
쑥~욱 하고

봄이 두릅 되어
내 입으로 들어왔다
아삭아삭 상큼하게

꽃이 지기로서니

꽃이 지기로서니 서러워 마라
백 일 붉어 백일홍도 지고 나면
가루 되어 흩날리고 가루 된 꽃잎
저 하늘 고운 별 되었다가
또다시 어느 저무는 서녘 노을 닮아
어여쁜 사랑 되어 돌아오리니

인연의 유통기한

쉼 없이 달려온 인생길에 오고 간 사람들
그런 인연들 있었기에 고단함도 잊었고
인생의 희로애락 함께하며 살아왔지

밀물 같은 인연들도 썰물 되어 떠났구나
사람의 인연에 유통기한 표시 없건만
식품들의 그것처럼 유통기한 있었던가

어쩌다 식사 한 끼 차 한 잔 좋겠지만
평소 안부를 묻고 사는 인연이라면
마음만 품고 사는 것보다 좋으리라

스쳐 지나간 이들 소중한 기억으로 남기고
이해관계 떠나 유통기한 없는 인연
그런 인연에 기대어 인생 2막을 연다

제4부

가을, 또 하나의 사색

기다림

봄은 향기로 찾아오고
가을은 소리로 다가오니
그대 오는 소리 들리는 듯하더니
기다리는 임 소식 들리지 않고
무성한 잡초는 허리춤을 넘는구나

귀뚜라미 우는소리 잦더니
삼 형제 밤송이 버는 소리
대추도 홍시도 붉어지는 시간
가을볕 스며 빨개진 홍로의 뺨도
가을 오는 소리에 죄다 물들었네

9월이 오면

뜨겁던 8월의 태양이 가고
9월이 오면 친구야
우리 편지를 쓰자
9월이 물들어 나락이 여물고
우리의 추억도 무르익으면 친구야
우리 편지를 쓰자

용건이 있어야 만나고
용건이 있어야 전화를 하던
우리의 과거는 이제 잊어버리자
매미 소리 애처로워 목이 쉰
9월이 오면 친구야
안부 편지를 띄우고
어쩌다 문득 안부 전화를 하자

우리의 계절도 영글 대로
영글어 9월의 가을이니
부끄러워 말고 한숨도 쉬지 말고
겉보리 서 말이든 알곡 한 되라도
행복한 미소로 인생의 추수를 준비하자

가을 기도

보랏빛 가을 향기 마시며
햇살 닮은 왕관 펼치어
가을 하늘 우러르던 너

지난밤 비에 검게 그을린
네 꽃잎 모두 스러졌으니
사랑 찾아 출렁이던 꽃술
이제는 뭉개져 가엽구나
기둥마저 힘없이 누웠으니
아무래도 이번 생은 틀렸구나

네 뿌리는 희망으로 튼실하니
이맘때 가을바람 소리 들리거든
환한 정열로 눈부시게 일어나거라

가을 독백

다가서면 식어버릴 것 같은
그대만의 향기로운 미소
당신의 가장 행복한 고요가
흩어져 버릴까 봐 조심스러워

그 무덥던 여름날 새긴 땀방울
물안개 묻어나는 아침 이야기도
어느 별나라 외계인의 독백이었지
줄곧 흐르는 내일도 고운 해 피거든
네 마음 살찌우는 시간이어라

나를 채워준 그리움의 시간들
이슬 촉촉한 가을 아침 마시며
별빛으로 물들어 가는 단풍잎에
기대어 피어난 가녀린 코스모스
머지않아 첫눈 내리는 계절 오면
시린 가슴 다잡아 그곳에 서있겠네

가을에 쓰는 편지

이 가을 아프도록 시린 하늘은
봄이면 인고의 시간 속에 싹 틔우고
여름이면 그 무덥던 어둠과
폭풍과 투쟁 속에 생존한 자들이
아름다운 결실을 매다는 시간

사람들은 가을을 노래하며
지난날 서러움 아픔도 잊고
넘쳐나는 풍요와 단맛에 빠져든다
밥상의 쌀 한 톨 그리고
사과며 잘 익은 과일들은 농부의 땀방울
황홀경 단풍과 떨어지는 낙엽
음과 양이 교차하는 가을은 다중이더라

따스한 가을부터 옹골진 열매들
첫사랑 그리운 쓸쓸한 시간과
서럽게 아름다운 상사화와
서리서리 아름다운 가을 국화까지
가을은 우리를 들었다 놓았다

가을 단상

싸늘한 기운에 가을 햇살 오지다
어느덧 가을 속에 덩그러니 서 있구나
수많은 잎새 물들어 또 하나의 봄

풍요와 결핍이 공존하는 가을
잘 여문 벼 이삭 고개 숙여 인사하면
새카만 농부는 흰 이를 드러내는데
갈대 사이 붉은 노을 바라보며
코스모스 강변에 홀로 섰구나

식물들은 잉태한 자손을 뱉어내고
사람들은 이별의 추억 소환하여
슬픈 소주잔이 서럽다

결실의 풍요는 몸을 살찌우고
버려야 하는 떨굼은 슬픔이 된다
떨어진 나뭇잎은 또 다른 희망 품어
저 먼 우주 별나라로 여행을 떠난다
꿈처럼…

가을, 또 하나의 사색

샛노란 풍성함도 흩날리는 낙엽 따라
먼 길 떠나는 시간이 오면
우리는 저 깊은 어느 곳
말 못 할 사연들을 길어낸다
아픔과 아쉬움 부끄러움들
어릴 때 함께했던 동무들
지나온 세월 스쳐 간 많은 사람들
인생의 갈림길에서 마주했던
갈등과 번민 속에 내린 선택들
아쉬움과 용기와 위안과 희망들

얼마나 더 살아야
얼마나 더 가져야
불안 없이 행복해질까
끝없는 욕심과 번민은
영원히 스러져야 끝나질까
욕심이 남아 있어 다행이려니…
쥐고 있는 그 무엇을
다 놓아버리면 행복해질까

적당한 햇볕과 산들바람에

어여쁜 들꽃들이 만발하고
계절이 주는 풍요 속에
조금은 초라해진 우리의 모습
과거와 현재 그리고 미래의
삶에 대한 생각을 가꾸며
스산해지는 갈바람 따라
뒹구는 가로수 잎새마다
내일의 새로운 꿈 실어본다

가을 서정

얼마나 외로우면 서로 비벼 댈까
서걱거리는 작은 몸짓으로
지나는 물병아리 불러보는데
겨울 오기 전 물병아리 홀로 바빠
먹이활동 자맥질로 떠나가고
갈대는 갈대대로 가을이 서러워도
가는 길 불태우는 단풍은
단풍대로 어여쁜 가을입니다

꽃 겨울에도 피더라

해마다 겨울이면 어김없이 피어나는 꽃
앙상한 나뭇가지에 피어나
도톰한 솜옷도 되어주고
동백꽃 잎에도 피어나
슬프게도 아름답구나

해마다 피어나는 갓 구워낸 소금 같은 겨울꽃
서석에는 아름다운 상고대로 피어나고
입석에는 수억만 년 꿋꿋한 자태로 피고
너덜의 바위마다 조그만 바위마다
근엄한 민중 민주의 외침으로 피어난다

무등의 빛 자리에 선 광석대에 안긴 규봉암
부처님의 은혜와 자비로 피어나고
울 어머니 피맺힌 간절함으로 피어났다
석불암 여래좌상 자애로운 미소는
신비로운 겨울꽃의 환생이어라

겨울은 있다

차디찬 세상 홀로 견뎌내는 시간
질퍽거리고, 미끄러운 겨울
눈보라 몰아치는 허허벌판에
서 있는 모습에서 뒤틀려버린
과거의 시간을 마주하다
빗나간 인연은 소리가 없다

한겨울 찬 바람에 스며있는 내음
눈 속에 파묻힌 봄은 아지랑이 향기
봄을 준비하는 꿈의 기다림은
희망 가득한 매화의 향기였네
차디찬 겨울이 길다 한들
봄이 어찌 아니 올까

겨울 사랑

거센 바람 불어 떨어지다 솟구치는
눈송이 되어 네게로 날아가 안기는
한 떨기 목화 같은 사랑이고 싶다

네 혀끝에 닿아 달콤하게 스며들어
한 치의 망설임도 주저함도 없이
네 몸에 녹아내리는 사랑이고 싶다

세상천지 순백의 사랑으로 가득 채워
인간 세상 욕심도 고뇌도 다 버리고
오직 그대 위한 순정의 사랑이고 싶다

무등의 겨울꽃

해마다 겨울이면 귀하게
피어나는 찬란한 은빛 겨울꽃
네 눈부신 희망이 그립구나

무등의 골짜기 골짜기마다
수줍게 피어날 순백의 그 꽃들아

정상을 지켜내는 天地人에
굳건히 자리할 겨울의 꽃들아

서석의 언덕에 시퍼렇게 피었다가
世人들의 감탄에 반짝일 나의 꽃들아

장불재에서 올려다보면 거대한 돌기둥에
층층이 쌓여 광목의 白衣인 양
백성의 恨을 녹여내는 겨울의 햇살로
아픔을 다독일 입석의 겨울꽃이여!

눈 내리는 풍경

목화송이 같은 소복한 인연들이
밤새도록 내려앉아 짝을 이뤘네
갓 지어낸 흰쌀밥 같기도 하고
막 길어 올린 아침햇살 같은 세상

동녘 하늘 붉게 타오른 아침노을
구름 뒤에 가려진 태양이 움튼다
저 구름 벗겨지면 빛나는 세상
눈 내린 아침은 가슴이 따뜻하다

소금꽃처럼 반짝이는 눈꽃 나무
고요함으로 맞잡은 천국의 터널
함박눈 내리는 고요한 아침이여
저 눈 녹을 때쯤 네 맘도 녹을까

함박눈 내린 아침

밤새 내린 함박눈에
온 세상이 보름달 닮았구나
어쩌다 낙엽 위에
내려앉은 눈꽃 송이들
몽실몽실 봉긋봉긋 어여쁘구나
댓잎에 쌓인 눈은
한 폭의 산수화요
출근길 차들은 엉금엉금 미끄러지니
이러다가 지각하겠네

하얀 세상 저 안에
근심 걱정 한 소쿠리
거짓과 진실
자만과 위선도 저 안에 모두 봉인되고
세상의 이치도 인생의 진리도
저 눈 속 어디쯤
조용히 숨 쉬며
눈 녹기 기다리겠지

눈꽃 사연

제 몸의 일부였던 어쩌면 전부였을
여름 푸르던 잎 모두 떠나보내고
빈 가지 서럽던 추운 겨울 한밤에
함박눈 내려 가지가지 눈꽃 피었네

새벽길 부엉이 앉아 졸던 감나무도
수십 년 씨간장 가득한 장독대도
수정 같은 눈꽃들을 피워 올렸네
떠나보낸 자식들 밤새도록 그리며
흘린 서러운 눈물 다독이려 피었다네

봄여름 그리고 가을 내내 피워내던
곱고 예쁜 꽃들도 어디론가 떠나버린
비워진 자리마다 정성으로 빚어낸
목화솜 닮은 네게 입맞춤하고 싶다

계절이 흐르면

겨울 바다는 과묵한 친구 같고
눈 덮인 겨울의 대지는 따뜻하다
저 안에 수많은 생명 움트고 있으니
꼬물꼬물 꼼지락꼼지락
어느새 이 겨울 지나고 나면
푸른 청춘을 위해 아픔도 이겨내고
산고의 고통을 이겨내듯 움트고 말
우리의 찬란한 봄을 기다린다

새봄은 만 가지 생명이 일어나고
연둣빛 잎새들이 만세 부르면
봄의 정령들이 꽃을 피워내고
그 꽃들은 너도나도 봄을 노래한다

계절이 무르익으면 진초록의
사랑이 영글어 내일의 문을 열고
저마다 청춘의 몫을 다하노라면
푸르다 푸르다 못해 검붉은 세월

자연의 섭리는 어김없어 풍요의
시간으로 종족을 보존하기 위해

결실의 광장에 서면 무릇 가을이다
이렇게 해마다 봄이 오고 여름
가을 겨울이 오가니 계절은 흐른다

아직은 한겨울

흐드러지게 피어날 봄을 향해
길가의 벚나무 희망으로 서고
아직은 흰 이마 드러낸 골짜기
응달에 진달래 꽃눈이 떨고 섰다

동짓달 깊은 밤 길기도 한데
무서리 뒤집어쓴 개울가 버들
멧토끼 눈동자에 봄을 쓰고 있다

이런저런 세상살이 살아온 1년
한 바퀴 돌아 새 희망 들이부어
잘 사는 일 행복하게 사는 일
새해는 봄꽃 활짝 피어나듯
가장 소중하고 귀한 인연으로
가만히 초록의 봄을 맞으련다

아버지의 지게

울 아버지 뼛조각 같은 저 야윈 지게
어깨가 내려앉고 허리가 고이고
두 다리 후들후들 떨리던 고단한 삶
지게 위에 실린 한 많던 세월

바지게 되어 이른 봄 논밭에 퇴비를 내고
한여름 내내 소 먹일 꼴짐도 되고
감자요, 보리타작 벼농사 추수하노라면
어허야 뒤어야 어허야 뒤어야
지게 장단 노랫소리 귓전에 들려오네

눈 내린 겨울이면 시린 발 굴러가며
땔감을 짊어지니 나뭇짐 아니던가
등줄기를 타고 내리는 땀방울은
아버지의 자식 향한 사랑이었네

어머니의 손

호미를 쥐신 어머니의 거친 두 손
호미 끝으로 자식 위해 근심을 캐내고
호미 끝으로 희망을 일구셨다
새벽에 가장 먼저 길어오신 정안수
장독에 올리시고 먼 길 떠난 자식 위해
두 손 가지런히 모으시니 우린 무고했다

세월 흘러 두터운 손마디 가늘어지고
호미는 저만큼 내려놓으셨으나
자식 위한 마음 그대로시더라
점점 약해져 가는 몸과 마음에도
자식 향한 사랑 여전하시더라

당신의 주름진 목에 스카프(Scarf) 하나

당신의 고결한 주름진 목에
알록달록 예쁜 스카프 하나
곱게 곱게 둘러 드리고 싶다

당신의 숭고한 시린 목에
하늘하늘 보드라운 스카프 하나
어여삐 감싸 드리고 싶다

성스럽게 빛났던 주름진
당신의 일생에 따뜻한
스카프 하나 둘러 드리고 싶다

어머니의 노래

해에 당화 피고 지이 느은 섬 마으을에~~
어머니의 고운 노랫소리
아직도 귓가에 생생하여
'어머니, 노래 한 자리 해보실라요?'
'인자 못 해야'

걷는 일이 불가하니 존엄도 무너진다
전문적으로 돌봐 드리는 곳이니
그래도 이 길이 최선이다 달래 보지만
요양원 가신 지 1년여 태산이 무너진다

야위어 가는 당신을 뵈올 때마다
안타까운 마음 어찌 다 헤아릴까요
정녕 이제 노인이 되신 당신의 모습
틀니 끼우기도 힘겹고
눈 뜨기도 귀찮은 삶 속에
정신만큼은 또렷하시니
이 또한 다행이라 해야 할지…

행복할 것 같지 않은 어머니 모습
자식 도리 못하는 자책도 부질없고

한숨을 쉬어 본들 어이하리
아, 답답하고 답답한 현실들

그런 어머니에게도 귀여움 받던
어린 시절도, 꿈 많던 소녀 시절도
힘들고 고생스러운 시집살이에도
조금씩 살림 불리고 여섯 송이 자식들
커가는 재미에 오질 때도 계셨을 터…

그런 추억, 그런 행복감으로
좋은 생각만 하시고, 부디 행복하소서

어머니 모신 날에

영하의 올겨울 가장 추운 날씨
별다른 걱정은 하지 않았더라
비록 영하라도 따수운 햇빛에
바람 한 점 구름 한 점 없구나

어머니의 고요하고 따뜻한
성품에 하늘도 감동하여 행여
자식들 고생할까 살피셨나 보다

어느 겨울날

겨울비 쓸쓸한 여명의 시간
임 그리워 흐르는 빗물은
차갑게 흘러 먼바다 가는데
임 가시는 날 하늘은 천국 같더라

몇 날 며칠 태양도 사라진 듯
보슬보슬 구슬피 비 내리니
임을 보낸 내 마음이야

겨우내 하늘은 그렇게
잿빛처럼 어둡기만 하더니
임이 태어나셨던 오늘
하늘 푸르고 따뜻하더라

어머니, 그 위대함에 대하여

어머님께서 하늘로 땅으로
정녕 돌아가시고 떠나신 지
보름 만에 사망신고를 했습니다
손이 가늘게 떨려 옵니다

이제 내 마음속에만 계실 뿐
이 세상에 아니 계십니다
나도 이제 고아가 되었습니다

너무도 허전합니다
너무도 쓸쓸합니다
고왔던 어머니 사랑했던 어머니
가슴속에 간직하고
이제 보내 드려야 합니다

모진 시집살이 힘겨운 삶에서
치열하게 살아 내신
생전의 당신은 천사요,
철학자요, 군자셨습니다

따뜻한 사랑 표현 한번

마음 편히 못 하셨어도
속 깊은 사랑으로
4남 2녀 잘 키워 내신 당신은
참으로 위대한 삶 사셨기에
존경하고 사랑합니다
감사하고 감사합니다

이제 모든 시름 내려놓고
생전의 아픔도 다 내려놓고
편안하게 영면하소서
편안하게 영면하소서

그리움

1월 어느 날 고운 햇살 남기시고
홀연히 하늘 가신 나의 고운 임
떠나신 계절이 겨울이라도
임의 마음처럼 햇살은 따뜻했지요

겨울도 봄을 못 이겨 떠나고 말더니
앞산 뻐꾸기도 임 그리워 울어대고
내 어머니 계신 그곳 그 자리에
어느새 파란 잔디가 자라났네요

어머니 누우신 그곳의 뽀얀 흙이
보송보송 고운 건 임의 성품 닮아서요
파릇한 잔디 위에 사랑 가득 심어놓고
무심한 세월에 그리움만 사무칩니다

부모님 생각

어머니 생각에 가슴 미어질 때면
멍하니 먼 하늘 올려봅니다
어머니 생각에 눈물 흐를 때는
뜨거운 커피로 입을 데워 냅니다

아버지 생각에 가슴이 먹먹해지면
창밖 저 산자락에 시선을 놓습니다
너무 일찍 떠나신 아버지 생각에
오늘도 저린 마음 다독여 봅니다

2월에 비가 내리면

2월의 마지막 날
따뜻한 커피 한 잔이 그리운 시간
소담스럽게 봄이 내리고 있다

봄비는 봄의 전령 희망의 싹
가슴 시린 아픔도 아쉬움도
빗물에 모두 떠나보내자

돌아날 희망과 떨리는 설렘 찾아
꽃 피는 소리 포근한 날 기다려
새봄 새길 다시 시작해 보자

삶은 사람이 살아가는 일
세월은 멈춤 없어 계절은 바뀌어
빗물 흐르는 시간 봄이 파릇이 떨고 있다

재미있는 인생

슬프기만 한 인생 어디 있으랴
아프기만 한 인생 어디 있으랴
즐겁기만 한 인생 어디 있으랴
기쁘기만 한 인생 어디 있으랴
행복하기만 한 인생 어디 있으랴
따뜻하기만 한 인생 어디 있으랴
풍요롭기만 한 인생 어디 있으랴
평화롭기만 한 인생 어디 있으랴
만족스럽기만 한 인생 어디 있으랴

그래서 재미있는 게 인생이란다

이런 사람

이런 사람이고 싶다
남의 허물을 들추지 않고
가슴 따스하게 덮어주는 사람
나에게 좀 차가워 보여도
그럴만한 이유가 있겠지
그럴만한 사정이 있겠지
하고 이해하여 주는 사람

세상을 긍정으로 대하고
아름다운 눈으로 볼 수 있는
마음을 가진 사람
즐기는 일에만 집중하여
나의 행복만을 추구하지 않고
타인을 위해 주변을 위해
가치 있는 사람이 되기 위해
무언가를 만들어 낼 수 있는 사람

그래서 훗날 목숨 다하는 날
남아 있는 인류를 위해 작은 흔적이라도
남길 수 있는 사람이 되고 싶다

범종

별빛 내리는 깊은 산사
범종 소리
세상을 향한 자비의 울림
세상을 향한 사랑의 메아리

저 깊은 내면으로부터
울려 퍼지는 소리는
저 멀리 우주 끝까지 퍼져 나간다

바람 따라 세월 따라 자유로이 떠돌다가
사랑 그리워지면 언젠가 돌아오리라

삶의 지혜

상대를 빛나게 하면
나도 빛나더라
태양처럼

스스로 겸손하면
내가 높아지더라
산처럼

넉넉하게 품어주면
모두가 평화롭더라
바다처럼

인생의 길

인생길 가다 보면
아쉬움도 있는 법이지
기쁘고 슬픈 일
안타까운 일도 겪게 되지
때로는 결단을 해야 할 일
돌아가야 하는 길
건너가야 하는 길

찬란한 태양이 늘 비추지는 않듯이
우리의 삶도 어두워질 때가 있는 거야
낮이 지나고 밤이 찾아오듯
인생길도 명암이 있는 법
포기할 일 단념해야 하는 일
지나고 나면 훗날 그게 무슨 대수라고
할 때가 있을 거야

뉘라서 고민 없고
갈등 없는 이 어디 있으랴
그런 게 인생이지

글을 쓴다는 것

생각이 정리되고
말이 되고 소통이 되고
대화의 수준이 되고 인격이 된다
맴도는 생각 떠도는 생각들을
하나로 모아 정리하고 축약하면
논리가 되고 이론이 되고 철학도 된다

이러저러한 흐트러진 마음들을
차분히 모아내고
외로움 서러움도 밀어내고
살아가는 일에 앞뒤 분간을 해주고
삶을 뒤돌아보게 하고
내일을 꿈꾸게도 한다

글을 쓰는 일은 결국
나의 존재를 느끼고 알게 해준다
오늘도 더욱더 가까이
인생을 풍요롭게 해주는 너

제5부

쉼

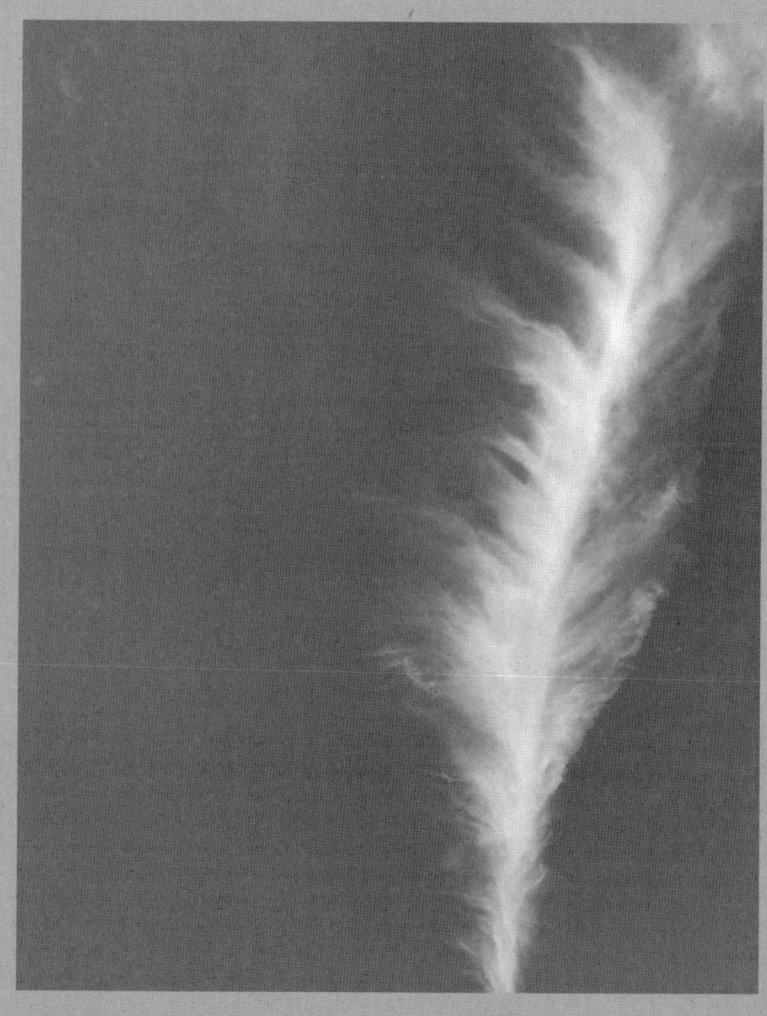

어쩔 뻔했어?

숨 쉬는 공기 없었으면
어쩔 뻔했어?

마시고 씻는 물 없었으면
어쩔 뻔했어?

어두운 밤 밝혀주는 전깃불 없었으면
어쩔 뻔했어?

축지법 가능한 자동차 없었으면
어쩔 뻔했어?

공동주택 아파트 없었으면
어쩔 뻔했어?

손에 든 휴대폰 없었으면
어쩔 뻔했어?

사랑하는 너 없었으면
어쩔 뻔했어?

바람꽃

깊은 밤 여린 싹 숨기우고
바람의 길목에 선 덧없는 사랑아
싸리눈 따스한 봄바람인가
너도 바람꽃 나도 바람꽃

사람 발길 닿지 않는
인적 없는 산기슭
꿩 노루 발자국 소리 들으며
너를 기다린다
응달에 엎드렸던 시간
길쭉한 사슴 모가지 닮은
나는야 바람꽃

어느 날 삶이 버거울 때
산골짜기 깊은 어느 숲속에서
네 세상 천국처럼 꽃피워
위로의 노래 불러보는
나는야 바람꽃

별자리

별도 달도 언제인가 지고 말 것을
어찌 사람이라고 다르리오
별이 스러지듯 우주에서 사라지면
쉬이 잊히고 마는 것을

별들도 네 그곳 제자리에 있을 때
환하게 밝게 빛나는 법
별도 달도 제자리 잃으면
그 흔적 찾아보기 힘들겠네

바다가 나를 비워 썰물 되면
다시 새 물 채워 윤슬 가득하게

내 마음 비워내면 한가득 푸른 하늘
다시 채워지는 사랑 진심 평화

살아가는 일

너무 잘하려고 하지 말아요
남의 눈을 너무 의식하지는 말아요
사람은 나름대로 그냥 사는 겁니다
너무 걱정하지 말고 살아요
그냥 열심히 살면 되는 거야

너무 잘하려고 하지 말아요
최선을 다하면 되는 거예요
불안해하지 마요
너무 힘들게 살지 말아요
뭐든 꿈꾸면 돼
포기하지 않고 체념하지 않고
희망을 잃지 않으면
그러면 되는 거야

황량한 산하에서

사랑도 덧없고
계절도 덧없어라
황량한 늦가을의 정취라더니
뒹구는 낙엽에 세월만 쌓여간다
스산한 바람에 눈발 날리어
세월도 임을 잃어 서럽구나
흐르는 구름을 뉘라서 막을쏘냐
속절없는 세월을 어쩔까나
미련 애착 열정 애정 욕심 다 버리면
삶도 인생도 덧없어라
꿈과 희망과 소망이 더해지면
생겨나는 힘과 의욕으로
생은 그렇게 이어지는 것이리라

인생길

어떻게 살았는가
누구나 아픈 과거는 있다
기억하기 싫은 기억도 있지
그래도 괜찮다
누구나 삶은 만만치 않아도
용기를 내어 살아가는 것

시리고 아픈 사랑의 상처도
안타까운 이별도 겪으며
그렇게 살아가는 거지

가시밭길 거친 폭풍 헤치며
나 홀로 행복 찾아 은하수 건너는 길
아름답고 소중한 추억들
내 작은 행복들 엮어내
한 아름 작은 꽃다발 들고
지금 이 자리 최선을 다하며
힘차게 끊임없이 걸어가는 것

휴식

여리고 노오란 새봄도 지내고
푸른 여름을 찬란하게 살아냈지
가을 되어 한평생 일궈온 생을 모아
내 모든 정성 다하리라
오색의 단풍이여, 낙엽이여

이제는 휴식의 시간
세월 따라 구름 따라
바람이 부는 대로 여행인 듯
살다가 살다가 이내 돌아가리라
겨울비 내리는 아침나절
어둑한 길목에 마지막 숨을 쉬다
저기 멀리 별나라로 떠나리라

끈적한 습기에 노곤한 적도
숱한 애벌레들한테 갉아 먹혀
깊은 상처를 입은 적도 있었다
강렬한 태양 아래 수분이 없어
길게 늘어진 적도 있었고
무서리에 말라 죽을 뻔도 했던
몸이 아파 슬픈 적도 있었다만

세상에 태어나 내 한몫 다했으니
아무런 미련 없이 훨훨 날아
저세상 한 줄기 빛이 되리라

제5부 산

세상살이 인연으로

세상 모든 것의 변화
자연의 이치라더라
봄은 가고 여름이 오고
여름이 지나야 결실의 가을이 온다

풍요 가득한 계절 지나면
모든 것이 움츠려지는
혹독한 계절 참아내야
세상의 만물이 눈을 뜨고
피어나는 봄이 오는 것이다

하물며 사람이 어찌 변하지 않으랴
세상이 변하니 인심도 변하는 법
자연의 이치요 순리라더라
기대가 없으면 관심도 사라지고
기대가 없으면 실망도 없는 법
한 세월 풍진세상 살아왔으니
어찌 다행이라 하지 않으리

그래도 스쳐 가는 인연 많지만
인정으로 따스한 인연도 많아
따뜻한 겨울이 못내 고맙다

사랑

사랑의 마음은 불꽃처럼 일어나고
사랑의 꽃은 나이 없이 피어난다

사랑은 조건 없이 바보가 되는 것
사랑은 가시밭길 먼 길 마다 않고
새벽길 밤길도 마다 않는 용기요

사랑은 외로움에 지친 가슴을
그리움의 묘약으로 길어낸 샘물
상처 난 마음 아픔일랑 희망으로
감싸안고 꽃봉오리 피워낸다

사랑은 위안이 되고 안심이 되고
평화가 되고 따뜻한 행복이 되더라

설렘

여느 새벽 동틀 무렵 여명이 아름답듯
꽃망울 터지기 전 설레는 목련처럼
피기 전 볼그레 홍조 띤 벚꽃 망울

나 홀로 여행 떠나기 전 설레임처럼
새봄 맞아 톡 터지기 전 어여쁜 꽃망울

아름답게 화사하게 피어날 내일 위해
새롭게 펼쳐질 30년 인생도 가슴 설렘
새로운 삶 새로운 인생이여 파이팅

연습 없는 삶

리허설은 없다네
우리의 인생 연습 없는 생방송
다시 살아 볼 수 없기에 더더욱 소중한 것
때로는 답답하고
때로는 막막하고
때로는 눈물도 나고
때로는 아프다

연습 없는 삶이라고
어찌 소홀히 할까
어찌 게을리할까
연습 없는 인생 어쩔거나
때로는 힘들고 고달파도
희망으로 소망으로
살아가니 이것이 인생이다
늘 준비하고 준비하자

우리 함께 가자

외롭고 서러운 길
기쁘고 환한 길도
우리 함께 가보자

끝없는 망망대해
굽이굽이 고개 넘어
지치고 힘들어도
우리 같이 가보자

살다 보면 좋은 날만 있으랴
궂은날 힘든 날 견디면
제아무리 추운 계절도
석 달이면 봄이라네

인생은 때론 고단하고
바다에서 풍랑을 만나듯
흔들릴 때
비틀거릴 때도 있고
먹장구름 드리워
어두울 때 있지만
저 너머 희망의 빛 맞으러
우리 함께 가보자

목련이 피고 지면

파릇한 봄비 속 꼼지락 꿈틀대며
눈 비비며 몸집 키우는 꽃망울
지금이 나는 제일 예쁘더라
기대가 있고 설렘이 있는
무언가 준비하는 시간은 참 예쁘다

꽃망울 커지며 하얗게 벙글다
팝콘이듯 톡톡 튀어 오를 때 나는
잠시 생명의 경이로움에 빠진다

그리고, 그 봄이 무르익어 가며
물기가 빠지고 서서히 색이 바래고
하나씩 하나씩 대지로 뛰어내릴 때
비로소 나는 인생을 배운다

나이 듦에 대하여

공연히 서럽더라
나이 들면 공연히 눈물이 난다
공연히 작은 일에도 서운하다
식어버린 사랑이 서럽고
뜨거웠던 색 바랜 희망이 아프다
그래도 은퇴 현장에선 아직은 젊은이

우리가 사는 세상의 일
항상 평화롭지는 못해도
가끔은 아프기도 하지만
어쩌다 고맙다
어쩌다 사랑스럽다
나이 들어 정으로 살고
아스라이 어제 같은 추억으로 산다
또 다른 꿈, 또 다른 희망으로 산다

은퇴

고요한 아침에 창문을 열며
오랜 시간 걸어온 길 돌아보니
인생의 한 페이지 그렇게 넘어가고
새로운 시작이 눈앞에 펼쳐진다

땀과 눈물이 스며든 나날들
꿈을 좇아 달려온 그 길 위에
이제는 휴식의 시간이라네
어깨의 짐 내려놓고 한숨 돌리는 순간

바람은 부드럽게 두 볼을 스치고
햇살은 따스하게 마음을 어루만진다
자유의 향기가 코끝에 스며들고
미래의 설렘이 가슴속에 피어오른다

지난 세월 아쉬움 없이 뒤로하고
앞으로 펼쳐질 시간 속으로 걸어간다
은퇴란 끝이 아닌 또 다른 시작
인생의 새로운 장을 써 내려간다

정년 퇴임

서서히 저무는 태양처럼
오랜 세월 달려온 길
이제는 한 발자국 물러나
그늘진 나무 아래 쉼터를 찾는다

이름 모를 큰 꿈을 품고
뜨겁게 살아왔던 날들이
고요한 바람을 안고
추억으로 물들어 간다

새로운 아침이 떠오르면
비로소 맞이할 시간
나를 위한 여유와 평온
한가로운 숨을 마신다

세월의 무게 내려놓고
솜털 같은 마음으로
자연 속에 나를 맡기고
진정한 자신을 만나러 간다

마중물

마른 세상 물 길어 올리는 존재
내 인생의 마중물이 되어다오
나는 당신의 마중물이 되고 싶다
척박한 세상 누군가의 동무가 되고
누군가의 마중물 되어 마른 목
축여주는 그런 세상이면 좋겠다

나만 옳고 나만 정의로운 세상
그런 세상은 존재하지도 않아
서로를 인정하고 보듬어 가며
서로가 서로의 마중물 될 때
세상은 좀 더 살만하게 될 거야

인생

어차피 정해진 필멸의 존재
언제 어느 때일지 목숨 다하면
일부는 한 점 바람에 보태고
일부는 구름 한 조각에 실려 간다

그중 일부는 무한의 우주로 흩어지고
대부분은 이 푸른 별에 남아
일부는 다른 생명의 단초가 되고
또 다른 일부는 흙이 될 터이다

무슨 미련 그리 많고
무슨 설움 그리 많고
무슨 욕심 그리 많고
무슨 아쉬움 그리 많은지
아직도 알 수 없는 인생이구나

구월이 오면

구월이 오면
푸르른 창공 푸른 바다가 그립습니다
구월의 하늘은 비취색 푸른 물이
한껏 배어 나오기 때문입니다
구월의 바다는 하늘 물 폭포 되어
하늘과 바다가 하나가 되기 때문입니다

구월이 오면
해 저물녘 아름다운 노을에 물든
알록달록 예쁜 사과와 빛 고운 배
노을빛 연한 무화과도 익어갑니다
적당히 익은 햇볕에 탱글탱글 여무는
구월의 들판이 아버지의 얼굴로
아득히 펼쳐집니다

해마다 구월이 오면
수많은 구월의 추억이
별빛처럼 돋아납니다

9월의 가을

가을이는 언제 오느냐고
가을이가 연착되었다고
아직도 낮에는 30도를 웃돌고
한낮의 도시를 달궈 깊은 밤에도
에어컨 선풍기로 열을 식히는 날들
그런데 언제부터인지 자동차 소리를
넘나들던 매미 소리가 들리지 않아
그 많던 매미들은 어디로 갔을까

가을이는 이미 저만큼 와있었던 거야
하늘을 올려다봐 가을이잖아
올가을엔 또 무얼 어찌할까
내 인생의 큼지막한 쉼표 하나 찍고 가야지
스물에 시작한 직장 생활 42년 6개월
이제 정년 퇴임 만감의 9월이다

마디

영글어 가는 대나무 마디
마디마디 커가고
마디마디 단단해진다
한마디 한 매듭 지날 때마다
좀 더 크게 자라고
좀 더 두터워지고
좀 더 단단해진다

우리의 생도 그렇다
마디마디 단단해지고
굽이굽이 매듭마다
삶의 경험을 주고 결실을 건넨다
마디는 경험이요 발전이요
매듭은 성장이요 성숙이다
우리는 오늘 또 다른 마디
다른 매듭 위에 힘주어 서 있다

삶을 위한

삶이 어찌 평탄하기만 하겠는가
바위산의 청송이 수백수천 년
뿌리 내렸을 때는 인고의 세월
모진 비바람에 안간힘 다하며
온갖 세파 견디며 예까지 왔으니
그 대견함에 존중과 박수를 보낸다

시 낭송이 판소리가 소리북이
나름의 재미와 보람이 있을진대
결코 한 술에 배부르지 못하니
때로는 진땀이 나고 때로는 부끄럽다
그럼에도 삶의 풍요로운 여정에
하루하루 작은 스트레스 불편도
저 벼랑 끝 청송처럼 버티어 본다

때로는 누구보다 진중하게
아이처럼 재미나게 즐기며
보듬어 사랑하고 고운 마음으로
이렇게 저렇게 또 살아가리라

시간 여행

60년
바람 같은 인생 열차에
이 한 몸 싣고 쉼 없이 달려왔다
차창 밖 풍경들이 쉼 없이 넘어지는
꿈같은 세월이었다

한여름 뙤약볕도 칼바람 겨울의
모진 풍파 모두 이겨내고
잠시 쉬어가는 시간
정년은 끝이 아니라 새로운 시작
조금은 헐거워진 아침 시간에도
아직은 낯설고 어색한 일상
시골 간이역을 지나는 완행열차처럼
다소 여유로운 여정도 있으련만
인생의 시간 열차는 더 빨라지리라

이제는 좀 더 느린 걸음으로
서두르지 않고 하늘도 올려다보며
미처 보지 못했던 풍경들을 바라보며
남은 시간 안에서 나를 찾아보리라

가을에

그댈 닮아 가을비 머금은 장미
석양의 가을 하늘 스몄으니

남쪽 바다 내음 붉은 찔레 향
수줍어 수줍어서 그 향기 곱구나

꽃잎마다 영롱한 푸른 빗방울에
그대 눈동자 비추니 사랑이지

가을은 풍요 품어 아쉬움 낳고
사람들은 사랑의 시어를 뿌리고

겸손으로 나를 내려놓는 계절
영롱한 결실의 시어들이 대롱대롱

새길 나서며

큰 바다로 흘러가는지
어디로 가는지도 모르고
물처럼 바람처럼 구름처럼
그렇게 긴 세월 건너왔다

나는 네게 어떤 사람이었는지
너는 어떤 사람인지도 모르는 채
그저 하루하루 열심히 살았다

때로는 외줄 타는 광대처럼
걱정과 외로움을 동무 삼다가
가끔은 애써 스스로를 다독였다

우리 이제 발그레 홍시 되어
다디단 자연의 맛 등불처럼
묵은지 같은 인생 가다듬어
다시 새로운 길에 선다

꽃이요 가시였다

살아간다는 것은
절반은 꽃으로 살고
절반은 가시로 산다

꽃일 때는 꽃인 줄 모르고
가시일 때만 가시인 줄 아나니
인생의 절반은 가시였지

아직은 가을이라 가을꽃
나의 인생도 아직은 가을
가을꽃인 줄 모르나니
겨울꽃 흔하지 않겠네

어쩌다 찾아오는 가시밭길
너무 길지 않게 너무 아프지 않게
다시 꽃 피어날 때 가시에
찔린 상처 덧나지 않게 그렇게

인생순리(人生順理)

짙푸른 희망으로 달려온 길 위에
수많은 선택의 길에서 주저함
망설임도 없이 뚜벅뚜벅 걸어왔다
어찌 평생 아픈 상처 없겠냐만
이만하면 잘 살아왔다 토닥이며
또 어느 한 모퉁이를 돌아선다

인생살이 순리를 따라 살자
자연의 섭리를 따르며 가자
샘물이 강물 되어 바위를 타 넘고
굽이굽이 돌고 돌아 바다로 가듯
인생길 내를 건너고 들을 지난다

바람과 동무하며 구름에 기대
풍류와 두 어깨 걸고 흐르고 싶다
깨어진 돌 같은 뾰족함도 세월에
갈아내어 뭉툭해지고 무뎌진다
동글한 몽돌 바람에 맡겨 놓으면
사랑 건강 행복 소망 새기리라

낙엽 인생

연둣빛 작은 꿈으로 태어나
속삭이는 바람 아지랑이 벗을 삼아
봄 한 계절 철없이 지내다가
흐르는 구름 바람도 거침없이
신록의 바다를 열정으로 살아냈다

격정의 세월 겁도 없이 건너왔다
희망의 봄바람 찬란했던 여름 햇살
시리던 찬 서리 두렵던 천둥번개
사람들의 응원 속에 한 귀퉁이
환하게 밝히면서 그렇게 살았다

화사한 꽃들이 분분히 지듯이
이제 어여쁜 한 장의 단풍으로
알록달록 고운 낙엽으로 남으리라
쓸쓸한 가을 접고 풍요의 계절로

쉼

인생길 열심히 걸었다
때론 꿈도 희망도 접어두고

앞만 보며 달려왔다
굽이굽이 흘러온 강물 따라
쉼 없이 노를 저었다
삶의 결과를 긍정으로 찍고
힘든 고난의 세월도 잊었다

때로는 6.25 같았고
때로는 설날 같았지

상큼한 아침 공기와 데이트하며
한 편의 시에 매달려 사랑도 하고
음악에 취해도 보며 쉬어가자

쉼은 숨 고르기다
기나긴 세월 가끔은 쉬어도 가자
향긋한 봄 내음 보드라운 봄바람
자장가 삼아 트로트 한 자락 베고 누워
가느다란 명상에 나를 맡긴다

흉터

마음의 상처들
기억의 조각들
세월의 흔적들

살면서 남아있는 상처는
흉터라는 이름으로 흔적을 남긴다
저마다의 상처도 그 흔적도
인생의 경험이요
인생의 지혜란다
좋은 기억 좋은 추억은
우리 인생의 행복이 된다
아픈 기억 슬픈 기억도
어차피 인생의 일부란다

마음의 흉터 몸의 흉터도
모두 끌어안고 크게 심호흡 한 번
별 보며 달 보며 하늘 동무 삼아
사랑으로 살아갈 일이다
지금 이대로 좋으니까
지금 이대로 괜찮으니까

지는 세월에 대하여

꽃이 진다는 것은 새로운 계절과
또 다른 삶이 존재한다는 의미
꽃이 진다고 너무 아쉬워 마라

꽃잎 떨어진 산길 들길에서
자연을 익히고 인생을 배운다
떨어진 꽃잎 한 움큼에 역사가 있고
꽃의 미래가 그곳에 있다

꽃잎 떨어진 자리 그 흔적 속에 맺힌
열매는 자손만대 존재하게 해줄 정거장
흩날리는 꽃잎들은 계절 따라 떠나고
푸르게 푸르게 성숙한 열매로 남겨져
풍성한 우리의 가을을 기약하노라

또 하나의 선택

원하는 걸 다 가질 수는 없지
때로는 하나를 취하면
하나는 내려놓아야지
2년 오지게 재미나게 지냈다
얼마간 게을러지기도 했고
그저 하고 싶은 판소리며 고북
시 낭송이며 문예반 두루두루
둘러보며 조금씩 맛은 보았지

누구나 이런저런 재미로 살며
인생길 걷다 보면 가끔은
갈림길 나오기 마련이다
그중에 하나의 길 선택하여
또 외롭게 나서야 한다

쉬운 길 없지만 그때마다
신중해지고 망설여지는 것은
나이 좀 먹은 까닭이겠지
무소의 뿔처럼은 아니더라도
징검징검 우직한 소걸음으로
새로운 길 작은 희망을 놓아 본다

삶의 옹이로 빚은
존재의 향기

민은숙 (시인, 칼럼니스트)

정창식 시인의 시는 삶의 진솔한 층위를 통한 울림을 준다. 시인의 시어는 시간의 굴곡이 반죽하고 상처가 다져낸 밀도 높은 경험의 결정체다. 화려한 수사보다 삶의 본질에 가까워 조용히 스며든다.

1. 삶 속에서 건져 올린 온기

『여백』의 시들을 살펴보면, 상처의 미학이 떠오름을 알 수 있다. 시인은 고통을 미화하지 않고 상처에서 우러난 그대로의 삶을 건너온 따뜻한 통찰로 골격을 세운 시를 구축한다. "매끄럽고 윤기 나는 시어"가 아니라, "고뇌와 아픔 속에서 길어 올린 흉터"가 있는 문장이 비로소 "향기로운 예술로 태어난다"는 시적 주체의 자각에서 시인이 추구하는 시적 정신의 뿌리를 엿볼 수 있다.

매끄럽고 윤기 나는 시어(詩語)보다 인생의 길목 고뇌와 아픔 속에서 하나씩 길어 올린 흉터 있는 문장들은 아름답고 향기로운 예술로 태어난다.

-「흉터 있는 문장」부분

  홀로 감내한 시간이 남긴 자국이 흉터라 할 것이다. 표면적으로는 아물었다 해도 내면에 고요히 머문 고통이 투영된 흔적이다. 우리는 이를 감추고자 하지만, 예술은 바로 그 자리에서 시작되며 상처의 깊이만큼 공명도 깊다. 시인은 이 흉터 위에 삶을 관통한 문장을 쓴다. 슬픔의 하소로 시간의 압력 속에서 숙성한 사유의 축적으로 빚은 존재는 향기를 입는다.

내 몸속에 자라는 새파란 움들이
어서 빨리 나가겠다고 발길질을 해댄다

유리창에 부딪혀 내리는 봄
봄은 솔잎에도 매달리고
내 마음에도 꿈처럼 흐른다
꿈처럼 이렇게 말이야
봄이 주렁주렁 매달려 있다

-「봄의 랩소디」부분

삶과 직면한 경험이 쌓이고 쌓이면 사랑이 되고, 희망이 차올라 마침내 하나의 경전이 되어가는 시의 진경을 선언하는 시적 주체는 고통을 곱씹되 절망으로 흐르지 않는다. 오히려 고단한 현실, 지나간 인연, 버려진 것들과 생의 무상 속에서도 봄을 기다리는 내면의 힘을 발휘한다. "봄"조차 매달려 희망을 희구한다.

2. 시간이 빚은 단단한 자세

시적 주체는 밥 한 끼, 차 한 잔, 친구와의 단톡방이 고스란히 행복의 화소로 도출된다. 특별하지도 고귀하지도 않은 삶의 바닥에서 길어 올린 일상의 소소한 행복이다. 「아버지의 지게」는 생계와 사랑이 무게로 직조된다. 후들거리는 두 다리가 짊어진 지게는 자식을 향한 사랑이자, 고단한 삶을 버텨낸 숭고한 아버지의 기록이다. 이러한 시적 태도는 시인이 삶을 대하는 절제된 시선에서 비롯된다. 환희조차도 조심스럽게 오직 낮은 시선으로 삶을 관조하는 자세로 임한다.

눈 내린 겨울이면 시린 발 굴러가며
땔감을 짊어지니 나뭇짐 아니던가
등줄기를 타고 내리는 땀방울은
아버지의 자식 향한 사랑이었네

— 「아버지의 지게」 부분

예행연습이 없는 우리의 인생은 "연습 없는 생방송"으로 시인의 시 세계가 지닌 주제 의식을 은근하게 드러낸다. 인생은 늘 초연이면서도 곧 본 공연이다. 시인은 이 말 속에 우리가 던지는 말 한마디와 하루하루가 얼마나 조심스럽고 귀중한지 일깨운다. 실패 또한 부끄럽지 않다. "어쩌다 잠 못 이룬 샛별에 얼마나 많이 그리움"을 잠재웠는지 계량할 수 없는 시간의 궤적은 모두 시의 재료이다. 수치가 아니라, 시로 품고 안아 더욱 따뜻한 숨결과 느슨한 숨으로 문장을 한 땀 한 땀 꿰매어 간다.

오르라고 산이 있나
내리라고 산이 있나
굽이굽이 오르막 또 내리막
바위랑 흙이랑
나무랑 풀이랑
인생마냥 그렇게 오래 쌓였나 보다

― 「산」전문

"오르라고 산이 있나 내리라고 산이 있나"는 혼잣말 같은 물음과 "눈보라 몰아치는 허허벌판에 서 있는 모습"에서 마주하는 겨울의 시편에서 조용히 웃고 있는 봄날의 '목련꽃 그늘'까지, 시인의 시는 계절의 흐름을 따라 삶에서 만난 시와의 접점을 절절하게 담아낸다. 아프고 버거운 겨울에도 시인은 굳건한 인내로 길을 낸다. 봄도 인생도 콩나물시루처럼 매일 정성스럽게 물을 부어야만 자라나는 것임을 노래하고 있다.

3. 상처를 언어로 꿰맨 시

시인의 시편에서 뚜렷하게 감지할 수 있는 주제는 인연이다. "유통기한 없는 인연"을 바라보는 시인의 마음은 속도와 소멸이 지배하는 시대에 던지는 조용한 반문이다. 스쳐 가는 관계 속에서도 마음을 품고 끈을 놓지 않으려 하는 현대 사회를 향한 제안이다. 때로는 관계가 끝나더라도, 마음만 품고 사는 것보다 진심 어린 소통에 무게를 두고 진술한다. 이에 빈자리는 누군가의 접근을 갈구한다. 그것이야말로 시의 본질이며 독자에게 건네고자 하는 가장 크고 따뜻한 선물이다.

> 밀물 같은 인연들도 썰물 되어 떠났구나
> 사람의 인연에 유통기한 표시 없건만
> 식품들의 그것처럼 유통기한 있었던가
>
> — 「인연의 유통기한」 부분

상처는 아파도 언어로 잘 꿰매질 때 시가 된다. 시는 치유이자 진술이다. 정창식 시인은 화려한 시적 수사보다 오늘을 간신히 살아내는 이들을 위한 조용한 위로를 건넨다. 시인의 시는 기억을 치장하지도, 희망을 과장하지도, 고통을 미화하지도 않는다. 다만, 그 모든 것을 수렴하는 언어로 풀어놓는다. 흉터 위에 세운 시인의 시어는 향기롭다. 상처와 함께 살아가는 이들에게 눈물에도 의미가 있고 상처에도 온기가 있다고 속삭인다. 그 온기야말로 시인의 시가 시작되는 발화점이다.